POR LA LIBRE

Rodolfo Santos

Título: Por La Libre

© 2016, Rodolfo Santos

© De los textos: Rodolfo Santos

Ilustración de portada:

Revisión de estilo: www.escritoyhecho.com

1ª edición

¡¡Importante!!

No tienes los derechos de Reproducción o Reventa de este Producto.

Este Ebook tiene © Todos los Derechos Reservados.

Antes de venderlo, publicarlo en parte o en su totalidad, modificarlo o distribuirlo de cualquier forma, te recomiendo que consultes al autor/los autores, es la manera más sencilla de evitarte sorpresas desagradables que a nadie gustan.

El autor/Los autores no puede/pueden garantizarte que los resultados obtenidos por él/ellos mismo/mismos al aplicar las técnicas aquí descritas, vayan a ser los tuyos.

Básicamente por dos motivos:

Sólo tú sabes qué porcentaje de implicación aplicarás para implementar lo aprendido (a más implementación, más resultados).

Aunque aplicaras en la misma medida que él/ellos, tampoco es garantía de obtención de las mismas ganancias, ya que incluso podrías obtener más, dependiendo de tus habilidades para desarrollar nuevas técnicas a partir de las aquí descritas.

Aunque todas las precauciones se han tomado para verificar la exactitud de la información contenida en el presente documento, el autor/los autores y el editor no asumen ninguna responsabilidad por cualquier error u omisión.

No se asume responsabilidad por daños que puedan resultar del uso de la información que contiene.

Así pues, buen trabajo y mejores Éxitos.

Tabla De Contenidos

"La libertad no necesita alas, lo que necesita es echar raíces"

Octavio Paz

"Revolucionario debería de llamarse el que construye mejor y más de prisa, el que trabaja más bien y con más empeño, el que inventa y crea y se adelanta al destino; el que levanta una torre más alta que todas las que había en su pueblo; el que formula una teoría social más generosa que todas las tesis anteriores y dedica su vida a lograrla; el que con sus obras aumenta el bienestar de la gente"

José Vasconcelos

"Todo el mundo, sin importar lo fanáticos que sean a la hora de difamar y luchar contra el capitalismo, implícitamente lo homenajean al demandar apasionadamente sus productos"

Ludwig Von Mises

Agradecimientos

Me hubiera sido imposible escribir este texto en tan solo cuatro meses, sin que durante mi vida no hubiera tenido la oportunidad de aprender de muchas personas, quienes me inculcaron el amor profundo que le tengo a México.

A mis padres, la maestra María Teresa Dávila Torres y el Arquitecto Rodolfo Santos Fernández, que me dieron un ejemplo de honestidad y estudios que son la mejor herencia.

A mi hermana Claudia Santos Dávila y mi cuñado Francisco Valdez, por su fraternidad perdurable.

La política no la hubiera sentido en toda su intensidad, en el poco tiempo que la practiqué, sin mi participación en el año 1998 en Tamaulipas, mi Estado natal.

En ese entonces como candidato a Diputado y como cabeza de fórmula, Normita Martínez Prado, quien a partir de ese momento se convirtió en mi mejor consejera y paciente escuchadora. Su vida virtuosa siempre me ha acompañado en los momentos de desorientación y dudas.

A quien considero mi segunda hermana, Gabriela Cuevas Barrón, quien me ha dado el mejor ejemplo del activismo político con honestidad e integridad a toda prueba.

A Bertha Gastelum Cárdenas, amiga y también hermana entrañable, cuyo impulso y disciplina son ejemplo de la mujer empresaria de México.

A nuestros maestros, a quienes les debemos todo.

A Don Alfonso Gómez Padilla, quien me inculcó desde niño el amor a la palabra y al arte de la retórica.

A Jaime del Arenal Fenochio, quien en tiempos universitarios me hizo ver de mi ignorancia en muchos temas y nos inculcó el amor a los libros y el estudio.

A Don Mario Ojeda Gómez, decano de los internacionalistas mexicanos, quien me enseñó el rol que juega nuestro país en el concierto de las naciones.

A María del Refugio González y José Luz Peña Cavazos y también a sus dos hijos, José Luz y Raúl René, quienes me enseñaron la belleza y profundidad de las artes marciales.

A Manuel Clouthier del Rincón, quien con su valor y civismo hizo que muchos nos entusiasmáramos en la participación política.

Agradezco de una forma muy especial a quien me hizo el honor de prologar este trabajo y me dio el impulso moral para implementar lo más rápido posible, el experto en negocios por Internet, Helio Laguna.

Este libro está dedicado a los niños de México y con mucho amor, a mis sobrinos Ximena Valdez Santos y Francisco Eduardo Valdez Santos, quienes han traído a nuestra familia una profunda alegría. Así como también a los hijos de uno de mis amigos más entrañables, Heriberto Cantú Deandar y de Roxana Lozano Madrigal, mi adorada Lucia (Luchis) Rodrigo y Diego Cantú Lozano.

Para Regina Villareal Reyna, quien con su sonrisa nos compromete y estimula.

Creo que pocos son afortunados al tener un compadre/ niño y me jacto de tener a uno de los más carismáticos, Dago Domínguez Posada.

Los amigos siempre son parte de la familia y más en el mundo de los hombres de honor, donde la lealtad es una cualidad extraña, por lo que mi convivencia con amigos que me han brindado con su amistad inquebrantable como Baltazar Resendez Cantú, Andrés Martínez Arnaud, Jorge y Sergio Ojeda Castillo, Gerardo Cantú Gómez, José Elías Saab Jaik, Miguel Ángel Toscano, David Villarreal Martínez, Gerardo Garza Dávila, Carlos Gelista González, Antonio López Aguirre, Gildardo López Hernández, Fernando Ortiz Proal, Fernando Diarte Martínez, Héctor Garza González, Arturo Peña Zazueta, Otoniel Ochoa Piñón, Héctor Hernández Meza, Felipe de Jesús Cantú, Cuauhtémoc Ruiz de Chávez, Eduardo Garza Ettiene, Agustín Basave Benítez, Ramón Sampayo Ortiz, Cesar Augusto Rendón García, Jesús Villarreal Garza, Pedro Arturo Aguirre, Alberto Beñe Guerra, José Ramón Gómez Resendez, Antonio Méndez Guillen, Alejandro Guevara Cobos, Máximo Gamiz Centeno, Heriberto Deandar Robinson, Gustavo Madero Muñoz, Rosendo Rodríguez Carillo, Jesús Chapa Valencia, Guillermo Braniff Moreno y Guillermo Braniff Zuloaga, Sergio Chapa Gutiérrez, Armando Ríos Piter, Don Ricardo Valenzuela, Carlos Soto Treviño, Carlos Herrera Dohrenburg y Cesar Ibarra Leal

Amistades sin sombras que sobrepasan el tiempo.

Prólogo

Hace muchísimo tiempo que soy amigo de Rodolfo Santos y durante todo este tiempo he sentido y siento, un auténtico y sincero orgullo de serlo y eso es, sin duda, porque sé que se trata de una de las mejores personas que voy a conocer en mi paso por este mundo, y espero conocer a muchas todavía jejeje.

La actitud de Rodolfo ante la vida siempre me ha parecido ejemplar, ya que defiende y promulga sus ideas sin entrar en fogosas discusiones, respetando todos los puntos de vista y sobre todo, recabando toda la información posible para darles mucho más fundamento a sus planteamientos (algo que deberíamos hacer todos para crear un mundo mejor y más armónico).

Rodolfo es un firme defensor de la reforma política y sobre todo, educativa para ofrecer muchísimas más oportunidades a los jóvenes de nuestro amado país, México, pero no lo hace por criticar el actual sistema educativo y ya, sino por ayudar a construir un nuevo sistema basado en la practicidad y la formación especializada y personalizada.

Concuerdo totalmente con sus ideas y con que, todo país debe saber adaptarse a los cambios y por ello, creo que este libro es y será, sin duda, un referente para las nuevas generaciones a la hora de tener una base en la que fundamentar sus pensamientos.

La verdad es que si la clase política tuviese aunque fuera la mitad de honestidad y ganas de hacer las cosas por y para el país y sus gentes que él, México estaría a otro nivel dentro del plano mundial.

Ten por seguro que estás a punto de leer un libro que no va a dejar indiferente a nadie porque es la pura esencia de Rodolfo Santos, decir las cosas por su nombre y pensar en cómo mejorarlas mirando el bien común de todos y no de unos pocos solamente.

Estoy muy agradecido a Rodolfo por el grandioso honor que me ha concedido al permitirme escribir este breve pero sincero prólogo para su libro que, una vez termines de leer, te va a dejar con la sensación de que algo nuevo ha nacido en tu interior.

No voy a dejar pasar la oportunidad de felicitar a Rodolfo por este magnífico trabajo que estoy seguro que es la semilla del cambio de México hacia tiempos mejores.

Enhorabuena por estar aquí ahora mismo, con esta auténtica joya en tus manos y gracias a Rodolfo por ser tan buena persona y por influenciar en el cambio de nuestro país a una nueva vida.

Helio Laguna

Introducción

No se puede generar riqueza en un país donde no se construyen las condiciones para que nazcan todos los días emprendedores.

Los gobiernos no son aptos, ni para crear riqueza ni para administrarla.

Emprender es una tarea de acción permanente y si se hace en el contexto adecuado, las probabilidades de éxito son mayores.

En ambientes donde existe corrupción, privilegios y concesiones, el fracaso ronda y aumentan los riesgos. La mayoría de los estudios demuestra que ocho de cada diez empresas fracasan en menos de una década.

En la historia de nuestro país ha existido siempre una terca intervención del Estado en la vida económica, marginando a los emprendedores a segunda fila y tomando el gobierno el control de la administración de la riqueza que pertenece a los ciudadanos, lo que ha provocado como resultado desigualdad y pobreza.

Desde el México colonial, pasando por nuestra vida independiente, centralistas, federalistas, liberales, conservadores, revolucionarios, izquierdistas y derechistas, todos en algún momento han sucumbido a la tentación planificadora, autoritaria y clientelar del Estado argumentando que es con el fin de controlar los fallos del mercado.

Basta con mirar nuestra realidad, para comprobar que nuestra política económica ha sido un fracaso. Salvo en momento intermitentes hemos tenido crecimientos importantes, curiosamente en los momentos en que el Estado le ha dado paso a los empresarios.

Afortunadamente existe un debilitamiento del Poder como tradicionalmente lo hemos conocido.

Paradigmas políticos y económicos se derrumban ante la democratización de la opinión pública y la posibilidad de un diálogo y debate más serio, que nos ayude a que juntos podamos construir una sociedad más próspera y rica.

Tenemos un campo en pleno abandono que está acrecentando el problema alimentario y una recesión motivada por la caída de los precios del petróleo, que golpea nuestra economía nacional, la cual está acostumbrada a que su crecimiento dependa de la vitalidad del sector energético.

No hemos tenido la precaución de diversificar nuestro modelo de desarrollo, lo que ha provocado crisis recurrentes.

El debate político e ideológico en nuestro país es prácticamente inexistente.

Los excesos de la mercadotecnia y el derroche de dinero nos han llevado a que los mexicanos no podamos contrastar las ideas.

Esa oratoria cultural que tuvo su aparición en campañas políticas del pasado y en nuestras más notables Asambleas Constituyentes ha desaparecido del mapa electoral.

Anteriormente, los mexicanos teníamos la posibilidad de comparar los proyectos y las propuestas de los diferentes contendientes políticos y ahora todo se ha reducido a los spots y espectáculos, sin que nos presenten soluciones a nuestros problemas más urgentes.

Lo que pretendo con este libro, es abrir el debate para obligar a que los aspirantes a gobernar nuestro país, se comprometan públicamente a enseñarnos su proyecto y que no repitan lo que ha pasado en años anteriores, donde una vez siendo gobernantes nos salen con sorpresas y promesas incumplidas.

Presento algunas propuestas e ideas que no pretenden ser la verdad absoluta, sino que son producto de mis circunstancias y de las enriquecedoras conversaciones con muchos de los actores de la vida pública y privada de México.

Los actores políticos están muy acostumbrados a guardar cartas bajo la manga en sus campañas y una vez que son gobierno, nos sorprenden con políticas públicas que nacen a consecuencia de intereses y poderes fácticos.

Hasta ahora, quien tiene pretensiones claras y ya han presentado propuestas son Andrés Manuel López Obrador, que lleva años siendo muy claro en cuál es su visión y las recetas que él considera pertinentes para reactivar la vida institucional de México.

Está también Jorge Castañeda Gutman, quien presentó un libro que utilizó como plataforma política en 2006, cuando pretendió ser candidato independiente siendo pionero en el tema de las candidaturas ciudadanas y en fechas recientes, presentó un nuevo libro que, según afirma, es el primero de varios para participar en las elecciones presidenciales de 2018.

Manuel Clouthier Carrillo, a través de una serie de vídeos y retomando el legado de su padre, el gran "Maquio", ha dejado claro que es uno de los proyectos más libertarios que tiene México.

Esperemos que otros hagan lo mismo para evitar descalificaciones personales y centremos el debate en las ideas y así logremos consolidar una agenda conjunta que saque a México, como afirmaba Carlos Monsiváis, de esta hecatombe económica que generosamente llamamos crisis.

Estamos en medio de una transición a nivel mundial y tenemos que estar preparados para nuevos retos. Aprovechar la apertura comercial que se está dando por el desarrollo de las tecnologías y la innovación, nos permitiría consolidarnos como economía emergente en pocos años.

No vivimos en la era de la información, sino en la era de la inteligencia y creatividad. Y aunque las instituciones públicas y privadas tradicionales se niegan a morir, viven un cambio profundo que nos llevará a la transformación de nuestra realidad y la de nuestras naciones.

Los mal llamados "neoliberalismo" y "globalización" se están dando en el mundo digital.

Vivimos en un mundo más pequeño y plano.

Hoy, como en pocos períodos de la humanidad, construir abundancia es posible en un tiempo récord siempre y cuando se generen las condiciones institucionales para lograrlo. De ahí que puedo afirmar sin temor a equivocarme, que México sí que tiene salidas a la prosperidad y desarrollo y que existen las recetas que nos permitan prosperar al ritmo de las grandes potencias económicas en pocos años.

La economía es una disciplina inexacta pero hay rutas que han caminado otros países que demuestran que existe la posibilidad de tener un crecimiento sostenido. Solo hay que copiar o modelar lo que se ha hecho bien en otras partes y aplicarlo en México.

No hay necesidad de inventar nada o hablar de refundar la República cuando, con un poco de voluntad y honestidad pública, podemos tener grandes logros. Aplicando recetas de libre mercado podemos transitar deprisa hacia el progreso.

En los tiempos de la Revolución industrial, a una nación le costaba desarrollarse hasta alcanzar las tasas de crecimiento sostenido y hacerse rica, alrededor de un siglo. Hoy, con la economía digital, se puede lograr en una década.

China, con la aplicación de políticas económicas capitalistas donde se han ampliado los márgenes de libertad, tiene menos pobres que hace 30 años y ha obtenido un crecimiento anual de entre el 6% y el 9 % de su PIB (Producto Interno Bruto).

Lo mismo sucede en la India, donde un estudio hecho por el Consejo Indio para la Investigación de las Relaciones Económicas Internacionales (INCIRIER) prevé que para 2020 tenga un incremento de su renta per cápita de entre el 150% y el 200% por encima del nivel actual.

Y algo parecido podemos decir de Rusia que, después de la inestabilidad de los primeros años de pasar de una dictadura a una democracia, ha logrado que los ojos del mundo vuelvan a mirarla como un país estratégico y digno de tomar en cuenta en el ajedrez mundial.

La economía no es tan compleja. Es una de las ciencias más humanas, que nos permite tener herramientas de análisis para pasar de una realidad a otra y se encuentra más cercana a la medicina que a las altas finanzas o las matemáticas.

Lo único que tenemos que respetar en ella y lograr con un ánimo reformista es ampliar los márgenes de libertad del mercado. Porque aunque se insista en decir que en nuestro país se han aplicado políticas económicas liberales en los últimos 30 años, nada es más alejado de la realidad.

En nuestro país no hemos tenido un modelo de liberalismo económico puro o de régimen político que permita la construcción de lo que el filósofo *Karl R Popper* llamaba la "Sociedad Abierta" y a la que definía como *"el sistema político en el cual los líderes o el gobierno son remplazados sin necesidad de violencia ni derramamiento de sangre, a diferencia de las sociedades autoritarias en las cuales, el mecanismo de reemplazo de Gobiernos es la Revolución o el Golpe de Estado."*

Pero sobre todo, *Popper* enfatizaba en que *"una sociedad abierta es aquella en la que los individuos tienen la necesidad de tomar decisiones personales; a diferencia de las sociedades tribales o las dominadas por el pensamiento colectivista."*

Volveremos más adelante a ampliar el tema sobre cómo lograremos construir una sociedad abierta en un país como México, donde tenemos enormes desigualdades.

Para darnos cuenta de lo sencillo que pueden ser los principios de la economía recordemos que en 1978, cuando tuvo lugar la primera reforma política en México que permitió las Diputaciones de Representación proporcional para que tuvieran presencia las minorías políticas, un Diputado panista le pregunto al entonces Jefe Nacional y fundador del Partido Acción Nacional, Don Manuel Gómez Morín (de los pocos mexicanos que habían estudiado economía en el extranjero) sobre si el debate por venir en la próxima sesión en la Cámara de Diputados iba a girar en torno a temas económicos.

Don Manuel le contestó, *"mire Diputado, la economía nacional se maneja igual que la economía del hogar, los gastos no deben superar a los ingresos."*

Sin embargo, a través de muchas décadas, nuestra economía se ha manejado sin una estrategia definida clara y sencilla y la burocracia y sus gastos excesivos han llevado al país, en muchas ocasiones, a crisis recurrentes que han agotado la esperanza de millones de mexicanos que ya no tienen confianza en nadie ni en nada.

El libro que tienes en tus manos, querido lector, es el primero de varios que pretenden pensar soluciones sobre cómo podemos construir en México una sociedad abierta.

Está dividido en cinco partes.

En la primera compartiré algunas vivencias familiares y personales que dieron origen a mi convicción y amor por la libertad.

La segunda, contiene algunas reflexiones sobre nuestro país en base a nuestra historia y la del liberalismo mexicano, así como sobre cuáles son las ideas que más han calado en el alma nacional y las consecuencias de las mismas.

La tercera parte es una mirada al modelo económico del libre mercado y cómo este ha sido el gran ausente en nuestra historia nacional y a cómo hemos llegado a tener actualmente un modelo de Estado mexicano corporativo y clientelar.

La cuarta parte es acerca de cuál es la situación de nuestro frágil Estado de Derecho y la inconclusa Reforma del Estado la cual, en la transición del año 2000, se abortó sin poder derivar en una nueva Constitución.

Y en la última y quinta parte, abordo el cambio de fondo en nuestro Modelo educativo, para crear capital humano y capital social para nuestro crecimiento.

El mundo está viviendo una revolución educativa y no podemos quedarnos atrás.

Los problemas que vive México son muchos y no todos los tocaré en este primer volumen que además, es una primera aproximación a mi hábito juvenil de escritura que quedó rezagado por mis actividades empresariales.

Estas primeras reflexiones están basadas en modelos comparados y análisis de textos de pensadores modernos notables. Analizando lo que están haciendo otros países en políticas públicas que nos sea útil para resolver nuestros problemas.

Ya es tiempo de que a México le vaya bien.

Nutrirnos de las experiencias de otras naciones para sacar adelante el problema del crédito y la banca, la inseguridad, la educación, la vida pública y tantos temas que contienen principios y bases universales y que luego con un poco de creatividad y voluntad podemos darle aplicación a nuestra propia realidad.

En esta primera aproximación evalúo y recuerdo modelos, visiones, ideas y afirmaciones que llevaron a cabo personas y gobiernos y que trazaron una ruta a tomar en cuenta para construir un verdadero liberalismo en lo político, económico y social, para tener la posibilidad de crear un contexto que ayude a la generación de riqueza y al impulso de los emprendedores.

Geografía es destino y nuestro país tiene muchas riquezas naturales pero, por desgracia, con un entramado institucional que poco ayuda a darle viabilidad de desarrollo.

Soy un aficionado a la política y durante tres años de mi vida la practiqué de manera activa y aun cuando estuve involucrado muchos años en el activismo estudiantil, la empresa y el mundo de los negocios, ha sido una de mis grandes pasiones y desde esa trinchera he visto pasar los instantes más luminosos, pero también más trágicos, de nuestra historia económica moderna.

No podemos desentendernos de la política, hacerlo significaría que no somos parte de una comunidad y que preferimos el aislamiento a la voluntad noble de crear comunidad.

Solía afirmar el escritor Premio Nobel José Saramago que *"la indiferencia es una de las peores enfermedades de nuestro tiempo."*

Don Mario Vargas Llosa lo llama "la sociedad del espectáculo" donde solo damos cabida al entretenimiento y no a lo que nos puede regalar la cultura y la apreciación de los grandes problemas de nuestro tiempo.

Las anécdotas e historias que te contaré abarcan un poco de todo; economía, empresa, educación, ética, derecho... Pero todo en torno a que podamos encontrar juntos el camino a la libertad en el terreno personal y como país.

Solía repetir mi maestro Jaime del Arenal Fenochio (hoy Embajador de México ante la República del Ecuador) que la vida, como la política, era multidisciplinaria y había que vincular todas las disciplinas en una sola visión para abrir las percepciones.

No te preocupes, te darás cuenta a través del libro de que vincular todos estos conocimientos no es nada complicado.

Vivimos en la moda de los especialistas, lo que ha llevado a la idea errónea de que abarcar materias de distintas disciplinas nos haría perdernos, cuando en realidad tener un granel de ideas nos ayuda a tener una visión más clara y amplia de la vida.

Uno de los mitos que más nos han repetido en nuestro sistema educativo autoritario es que la cultura es para unos cuantos y la filosofía para muchos menos.

Karl R Popper en un hermoso libro que tituló *"Hacia un mundo mejor",* afirmaba que los filósofos no son esas personas de largas barbas que viven en solitario en la punta de una montaña, sino que todos somos filósofos desde el momento en que tenemos la maravillosa posibilidad de pensar.

Todo gran conocimiento puede ser simplificado. Es como la magia de los números, todo al final del día se reduce al número uno y los demás son derivativos del mismo.

Existe una frase que puede resumir mi intención de escribir este texto y se basa en una frase del Premio Nobel de Economía *Friedrich Von Hayek* cuando afirmaba que, *"si pretendemos el triunfo de la gran contienda ideología de esta época es preciso, sobre todo, que nos percatemos exactamente de cuál es nuestro credo."*

Quiero que el libro signifique para ti un recorrido hacia tu libertad económica, política, de pensamiento y de conciencia.

El primer apalancamiento para lograr objetivos es el mental. No son los títulos académicos, ni tu condición socio económica, ni tu color de piel, lo que determina tu éxito en la vida sino la manera en que piensas, la manera en que interpretas la realidad.

La mente es un embudo y la realidad es la interpretación que tu mente hace de la misma.

Amo profundamente a México y mi inspiración es poder abordar juntos, ideas que nos ayuden a sacarlo de la crisis en la que se haya atado desde hace décadas.

No creo en la anti política, el término mismo viene del significado etimológico de *"polis"* (ciudad). En ella todos cohabitamos y está fuera de toda lógica pensar que no somos políticos cuando todo el tiempo, todos los días, nos vinculamos a otros seres humanos.

Relacionamos política con partidos políticos y elecciones, pero la política es mucho más que eso. Durante el trayecto de la lectura te invitaré a que participes en plena libertad desde la trinchera que consideres más adecuada para ti, pero que participes. Que no dejes tu destino en manos de los demás y menos, tratándose del Estado.

Recuerda aquella frase memorable que señala, *"el gobierno no soluciona problemas, el gobierno es el problema."*

No creo en la exclusión de las ideas que no sean iguales a las mías. Aquí verás desfilar nombres de pensadores, vivos y muertos, que pueden parecer ideas contradictorias pero que en el contexto de la historia se convierten en verdades complementarias.

Lo que pretendo a través de estas reflexiones es poner en el centro del debate una defensa firme y radical de la libertad como la virtud y el derecho natural más preciado con el que contamos las personas.

En cuanto al tema político, no creo que la historia reciente de nuestro país y sus crisis tengan un único culpable. Existen unos más responsables que otros, sin duda, pero no creo que mandar al exilio o al patíbulo a algún personaje o idea solucionará nuestros problemas es un mito más que nos han vendido.

Solía afirmar el politólogo alemán *Carl Schmitt* que la política se reducía a la dicotomía amigo/enemigo. No son pocos quienes atribuyen a este principio el origen del nazismo y de la doctrina del complot donde predomina la voluntad de unos cuantos sobre la de todos los demás.

Una de las aportaciones más importantes del pensamiento libertario es considerar al hombre individual como la más importante minoría.

Cada ser humano somos únicos e irrepetibles. Es muy frecuente caer en el error de las generalidades y adjudicar una catástrofe o algún hecho o acontecimiento a un determinado grupo social, fraternidad, partido político, religión o nacionalidad.

Cientos de veces he visto confrontaciones entre personas del mismo grupo, religión o partido, con contradicciones entre ellas cuando dicen profesar algún credo o ideología. Y esto no es más que una prueba de que al generalizar olvidamos que cada persona es un milagro de la naturaleza y tiene una identidad propia.

Aun cuando puedan existir similitudes entre los miembros de alguna organización o ideología, normalmente cada persona actúa con un grado importante de independencia.

Y ese es el propósito del libro. Mostrar que cuanto más ampliemos los márgenes de libertad en nuestra vida en la comunidad o país donde vivimos, más podremos contribuir al progreso y al bienestar social.

Las presiones y deseos de manipulación de unos contra otros siempre van a existir, pero es ahí donde cuanto más informados y libres seamos en pensamiento y conciencia, podremos actuar con un mejor juicio y con mayores posibilidades de éxito.

Es por eso, por lo que llamaré "zonas libertarias" a todo intento de ampliar los márgenes de libertad y ponerla como prioridad de cualquier agenda personal o colectiva.

La libertad permite la libre asociación y la confrontación de ideas aun en las organizaciones y estructuras más centralistas. De ahí que podamos afirmar que, aun en modelos sindicales o económicos con ciertos tintes socialistas, se pueden aplicar "zonas libertarias" que permitan el tránsito a sistemas más libres.

Estructuras como la Iglesia Católica, en su momento tuvieron líderes como Juan Pablo II que luchó por la libertad democrática de su natal Polonia.

O personajes de la talla de Martin Luther King, quien fue llamado por sus adversarios como *"de ideas de izquierda"*, luchó siempre por la libertad y los derechos civiles.

Incluso líderes como el Sub Comandante Marcos, que en nombre de la libertad y reivindicación de nuestras culturas orgullosamente indias, llevó a cabo un movimiento social sin precedentes en nuestra historia moderna.

Y aun cuando prefiero a pensadores o líderes con gran talante liberal, es de hombres honorables reconocer a todos aquellos que en algún momento hicieron uso de su derecho de ejercer la libertad de opinión y permitieron un mundo mejor.

En el tema de la empresa y economía es el mismo propósito libertario.

Es frecuente escuchar que el dinero no es la felicidad y encierra una gran verdad dicha afirmación, pero lo que sí puede brindar el dinero es una mayor libertad de poder elegir. No estar presos de la escasez, sino al contrario, el dinero puede ser un instrumento de intercambio que nos permite elegir opciones mayores de compra.

A través de ejemplos prácticos te mostraré que con un cambio de mentalidad y el conocimiento de algunos principios verás muy fácil el camino a la libertad.

En el capítulo sobre economía hablaremos con más detalle sobre las distintas rutas que pueden tomar las sociedades para ampliar los márgenes de su destino libertario y aumentar la riqueza.

No hace mucho, un amigo me preguntó si había hecho números y tomado métricas de lo que implicaría que el Estado mexicano dejara algunas de sus funciones actuales en manos de particulares.

Le contesté afirmativamente y que no solo había contemplado eso, sino que en realidad hay muchos trabajadores en empresas del Estado que están mal pagados, ya que tienen la capacidad para producir más convirtiéndose en emprendedores montando sus negocios y disponiendo de su tiempo y no bajo la esclavitud de un horario.

Ahora, con el uso de la tecnología, una meta importante es hacer que esta se encuentre a mano y de manera gratuita para todos.

La economía colaborativa es una manera de enfrentar de manera conjunta los retos por venir, como nunca antes hemos tenido la oportunidad de construir redes y dar acceso a un "capitalismo solidario" que permita que todos tengamos ganancias en las cadenas de valor.

Pero para eso tenemos que tener un cambio de mentalidad y recordar que la libertad ha tenido enconados enemigos: los prejuicios, los dogmas y los fanatismos.

En primer lugar los prejuicios, que no son otra cosa que juzgar antes de conocer a fondo una idea, alguna persona o un acontecimiento histórico.

En segundo lugar el tema de los dogmas, que es abrazar creencias rígidas sin tener la intención de cambiar de opinión o de rumbo.

Y por último, los fanatismos al defender verdades absolutas olvidando que incluso la historia de la ciencia está llena de contradicciones.

Por eso la libertad de pensamiento nos permite hacernos cada día mejores preguntas y hace de la duda una herramienta para continuar en la maravillosa aventura de acercarnos a la verdad.

Lo afirmaba Pascal:

"Buscamos la cultura por dos razones; la vanidad de la mente o por amor al conocimiento."

Pablo de Tarso no era ajeno a ese sentir y sentenciaba claro:

"*Andando en la vanidad de la mente tenían entenebrecido el entendimiento.*"

Si tan solo aplicáramos unas dosis de libertad en varias facetas de nuestra vida en sociedad tendríamos un mundo mejor.

La primera pregunta que puede saltar a tu mente, querido lector que te diste el tiempo de comprar este libro, es ¿acaso no vivimos en tiempos donde los márgenes de libertad se han ampliado en nuestras comunidades?

Y la respuesta es un rotundo no.

Porque aunque parece ser que hoy tenemos un mundo más conectado e informado seguimos siendo víctimas de dictaduras mediáticas, religiones jerarquizadas y gobiernos absolutistas.

Es por eso, por lo que quiero compartir contigo las diferentes formas en que podemos aplicar la libertad en nuestra vida y ampliar las posibilidades de éxito en todo lo que emprendamos.

El libro tiene como propósito mostrarte con sencillos ejemplos, cómo la libertad determina y tiene el poder de lograr cambios tanto en lo personal como en nuestros países.

Los mercados libres y la libertad de conciencia, de pensamiento, de asociación, son solo algunos de los modos en que la libertad se expresa y se vive.

El enfoque estará centrado en mi país México donde durante años solo hemos tenido modelos políticos centralizados, administraciones públicas jerarquizadas y gobiernos populistas.

La más repetida mentira de los últimos 30 años es que la quiebra económica de México se debe a la implementación del modelo neoliberal y al complot de unos cuantos sobre la vida de más de 121 millones de mexicanos.

Y es que el liberalismo, que es la filosofía política de la libertad, no tiene adjetivos. Podrá tener distintas interpretaciones, pero siempre su esencia será defender la libertad como el primer derecho natural del hombre.

Y hablo con especial énfasis sobre libertad de pensamiento, porque la más importante de las revoluciones que hoy le hacen falta a México es la educativa, que lleva implícito el sentido ético de la vida como todo aquello que le hace bien a la persona y le da la posibilidad y las herramientas para analizar su realidad personal y su contexto social.

Quiero compartirte algunas rutas que he conocido para que, con algunas pequeñas acciones, tu vida como emprendedor tenga éxito pero a la vez, que esa capacidad de emprender en libertad beneficie a la totalidad de nuestra destruida economía nacional.

Estoy convencido de que una de las bondades de la educación es darnos la capacidad de la simplificar las cosas, por lo que no son los títulos académicos o el exceso de conocimientos lo que da éxito en la vida sino tu poder de intención de implementar lo aprendido.

Como afirma mi amigo y gran experto en Marketing digital Helio Laguna:

"Importante no es el saber, sino el hacer."

Benjamín Graham, padre de las inversiones modernas, cuando habla de comprar acciones en las empresas dice:

"Cuando alguien te quiera convencer de comprar acciones y solo te hable de altas finanzas y matemáticas complejas date la vuelta, seguro que no será un buen negocio."

¡Qué horror pensar que pasamos años estudiando materias que ayudan en muy poco al éxito profesional!

Y todo por el autoritarismo de la educación dada por el Estado, que quiere homologar o diseñar un pensamiento único y alinear algo tan diverso y distinto como el ser humano.

Solo nacemos y morimos iguales, en todo lo demás somos diferentes y qué bueno que así sea porque si no, nuestro mundo sería inviable y aburrido.

Un gran matemático afirmó no hace mucho que con solo estudiar matemáticas básicas (suma, resta, multiplicación y división) y probabilidad y estadística, podríamos ser grandes empresarios.

Te compartirte de manera simplificada algunas fórmulas que estoy seguro de que te darán el éxito en lo profesional y los elementos para acercarte a juicios objetivos en la toma de decisiones.

Soy consciente de que el concepto de libertad o su ideología política del liberalismo o libertarismo, como prefiero llamarlo para motivos de este trabajo, ha tenido muchos detractores en los últimos años como pretexto de los colapsos financieros de las bolsas del mundo. Te demostraré que todo es parte de un mito y una mentira repetida cientos de veces.

Hasta ahora, los mercados libres son el único modelo que ha demostrado que logra sacar a los países del estancamiento económico y permite crear un marco de crecimiento y prosperidad a las naciones.

En México nunca hemos tenido un modelo de desarrollo basado en los principios del libertarismo económico, sino en un sistema corporativo, mercantilista y clientelar donde el Estado ha pretendido llevar siempre las riendas de la vida económica y como bien señaló Don Gabriel Zaid en su famoso libro *"La Economía Presidencial"*:

"La economía mexicana ha estado manejada durante años desde la residencia oficial de los Pinos; así fue y así nos fue."

Uno de los principales desafíos de la libertad es acabar con el miedo a la libertad misma.

El miedo a la libertad paraliza al emprendedor y le impide avanzar en sus metas, se prefiere un trabajo seguro a transitar por la libertad financiera.

Por eso es tan impopular el libertarismo, ya que implica asumir el riesgo y la responsabilidad ante tus propias decisiones.

Me encanta la frase que suele compartir con frecuencia el experto en NeuroMarketing y líder del movimiento *BiiaLabb* para el cambio de la educación mundial *Jurgen Klaric*:

"Solo conocerás el éxito en la medida en que acabes con tus miedos."

En el capítulo correspondiente a los emprendedores, te daré la bibliografía y algunos mecanismos para vencer ese miedo que nos impide crecer en el mundo de los negocios.

Te compartiré rutas que te llevarán, de manera veloz, a tener éxito como emprendedor y te mostrarán cómo podemos aprovechar las nuevas tecnologías y participar en los tiempos de la nueva economía y desde cualquier lugar y con una baja inversión, puedas montar tu negocio por Internet, el cual representa ya una realidad y que significa la verdadera globalización de nuestros tiempos.

Te darás cuenta de que la riqueza, en el ámbito personal y de país, no es cuestión de fórmulas complejas o buena suerte sino de sencillos principios.

Te compartiré la acciones que algunos países han implementado para liberalizar su economía y devolverles a los emprendedores la posibilidad de participar con un marco jurídico que respete la propiedad privada y cómo en pocos años, estos países han logrado crecimientos sostenidos que van desde el 7% hasta el 8% de su producto interno bruto.

Es increíble, pero los prejuicios sobre la historia de la economía mexicana nos han impedido ver la realidad e incluso nos han hecho confundir conceptos para definir con claridad cuáles son los grandes problemas nacionales.

Tocaré un poco de historia, ya que esta es la memoria de la política.

A través de los años han existido muchos tipos de gobierno, pero los mejores son aquellos que han permitido al ciudadano una mayor participación y libertad en su esfera de competencia. Los países donde se le han puesto límites claros al Estado es donde mayor prosperidad ha existido.

Los gobiernos, que son los representantes jurídicos del Estado, siempre han sido malos generando riqueza.

La falta de competencia ha impedido el crecimiento económico y sobre todo, donde ha existido exceso de leyes es donde más han crecido los niveles de corrupción.

Como afirmaba Tácito:

"Cuanto más corrupto es el Estado, más leyes tiene."

Por eso es nuestra obligación exigir los límites al Estado, para evitar que se inmiscuya incluso en nuestra vida íntima.

Hay que dejarle al Estado tareas mínimas como la seguridad jurídica de la sociedad y la protección de la propiedad privada, pero sin que quiera determinar la evolución económica a fuerza de decretos y privilegios.

El fracaso de las economías en América Latina ha sido la falta de instituciones que garanticen el buen orden en las finanzas de las administraciones públicas.

Ya en 2006, Francis Fukuyama recopiló varios ensayos de académicos e intelectuales latinoamericanos donde describían con exactitud cuáles eran los determinantes políticos e instituciones del desarrollo económico en la región.

Hoy tenemos que ser realistas y ver cuáles son los países que han logrado un mejor desempeño gracias a la implementación de un modelo donde se den márgenes mayores a la libertad.

Estoy seguro de que cuando termines de leer el libro tendrás una visión totalmente distinta de hasta dónde es importante el rol que juega la libertad y las miles de veces que caemos víctimas de la manipulación y la propaganda o de algún buen orador convertido en demagogo que nos hace caer esclavos de alguna religión, producto o proyecto político.

Y es que, como bien afirmaba Marco Tulio Cicerón en sus libros sobre la retórica y oratoria y sobre los peligros de que esta se use de manera diestra por algún tirano:

"La oratoria basada en la mentira es demagogia, la palabra debe de tener dignidad, sentido ético y usada en libertad. "

La palabra hablada y escrita es un poder enorme en manos de dictaduras.

Quiero, a través de estas ideas libertarias, compartirte mucho de lo que he descubierto sobre la manera en que hemos sido víctimas de la manipulación y el engaño y cómo el mal uso de la palabra coarta nuestra libertad.

México tiene un futuro grandioso.

Analistas como George Friedman señalan que en poco más de mediados del presente siglo, México estará entre las primeras potencias económicas y estoy convencido de que eso sucederá en el momento en que se implementen los principios del libertarismo económico.

No andemos con rodeos, requerimos un modelo de desarrollo en un marco absoluto de libertad y demostraré con ejemplos prácticos que la solución de nuestra macroeconomía y microeconomía, que es la que soporta la primera y está sostenida por los emprendedores, innovadores y los jóvenes talentosos de la nueva economía, es cómo podremos salir adelante con crecimientos importantes y prosperidad para todos.

Aunque desde 2008 se han sumado detractores del modelo capitalista, cuando abordemos el tema de la banca demostraré que detrás de cada crisis está la mano del Estado y que después intenta encontrar culpables en el amplio sector del mercado.

No tengo prejuicios creados respecto a ciertos países a los que consideramos los arquetipos de países capitalistas.

A Estados Unidos por ejemplo, aun cuando es uno de los países con mayor número de emprendedores cada año su economía militar, su posición de país hegemónico le impide ser un líder del llamado mundo libre ya que se ha encaminado por la ruta de la servidumbre y la burocracia.

Hay economistas y ejecutivos como *Stephen D. King* y *Clyde Prestowitz* que señalan que más que las bondades de los mercados libres, los países occidentales (incluyendo los Estados Unidos) han obtenido su crecimiento económico utilizando una combinación de poder económico, político y militar. Afirmaciones dignas de tomar en cuenta cuando vienen del economista en Jefe del Banco HSBC, en el caso de Stephen D King, y del principal negociador para Asia del gobierno conservador de Ronald Reagan, como lo fue *Clyde Prestowitz*.

En sociedades cada día más complejas es obvio que es tarea de todos los días evitar que el Estado trate de controlar la economía, ya que hay una tendencia natural de cualquier Estado a su expansión una vez que llega al poderío económico.

El mismo Henry Kissinger lo menciona en su libro *"La Diplomacia"*:

"Casi como por efecto de una ley natural, en cada siglo parece surgir un país con el poderío, la voluntad y el ímpetu intelectual y moral necesarios, para modificar todo el sistema internacional de acuerdo con sus propios valores."

Por lo que ponerle límites a los Estados, tanto en el orden interno como en el externo, es una tarea de largo aliento.

La empresa es para la economía lo que la familia para la sociedad, el núcleo central de su razón de ser.

Si nos dirigimos a su historia básica comprobaremos que la mayor riqueza de las naciones ha surgido en sociedades donde existen mayores márgenes de libertad y facilidades para ser emprendedor. Recomiendo el libro de *Fareed Zakaria "De la riqueza al poder. Los orígenes del liderazgo mundial de Estados Unidos."*

Creo que una vez que una nación tiene una riqueza robusta comienza un deseo expansionista que se encuentra más en los linderos del poder que de la economía y esto los conduce a un círculo vicioso que los obliga a querer controlar todo para perdurar. Ya Carlos Marx y sus seguidores hablaron de manera importante sobre el tema.

Todo este debate ha llevado a que en fechas recientes, los defensores del intervencionismo hablen de los excesos del mercado y la necesaria y urgente participación del Estado en la vida económica de un país, hasta llegar a los excesos del expansionismo interno con la finalidad de "regular" las distorsiones del mercado.

Sin embargo, cuando se habla del "milagro Asiático" donde se atribuye que gracias a una enorme participación Estatal se ha logrado el desarrollo y la riqueza, *Goh Keng Swee*, uno de los artífices del milagro de Singapur aconsejó:

"No se necesita ir más allá de Adam Smith (padre del capitalismo moderno) *para la dirección de sus políticas económicas."*

Para muchos economistas, Asia aprovechó el sistema global de libre comercio que surgió bajo el auspicio de los estadounidenses después de la segunda guerra mundial, para generar exportaciones, inversión, empleo y crecimiento.

Todos los países, desde Japón a la India, aprovecharon sus ventajas comparativas en el sistema económico mundial.

Soy optimista a pensar que la libertad económica nos puede llevar por rutas de calidad de vida en tanto tenga una buena dosis de ética y no raye en la manipulación, especulación y prácticas desleales del comercio. Es la única fórmula que tiene la capacidad de darnos esa prosperidad y mayor felicidad.

Y es que, como ha estudiado la Escuela Austriaca de Economía, cuando el Estado interviene en el control de precios de los productos los empresarios pierden la posibilidad de conocer el valor real y objetivo de esos productos y de los bienes, por lo que se pierde el mejor indicador que nos permite competir en los mercados.

Este sencillo principio nos enseña la inviabilidad económica del socialismo.

Tal vez tenga razón Don Octavio Paz cuando afirmaba:

"Nunca somos totalmente libres porque, aun cuando estemos solos en nuestra alcoba, siempre seremos presa de nuestros fantasmas."

No soy tan pesimista como el viejo maestro porque, al final del día y haciendo uso libre de nuestro pensamiento, no seremos presa de los más terribles enemigos y fantasmas de la libertad: los dogmas los fanatismos y los prejuicios, sin ellos estaremos más seguros de que nuestro destino es producto de nuestras decisiones, marcadas por una plena consciencia. Pero sobre todo, con la certeza de que siempre, ante cualquier circunstancia, podamos afirmar, *"he caminado en todo momento por el sendero de la libre."*

Lo Maravilloso De La Duda

"A mi juicio, el mejor gobierno es el que deja más tiempo a la gente en paz."

Walt Whitman

"Mi lucha no es para que creas en mí y en mis sueños, sino para que creas en ti y en tus sueños y luches por ellos."

Manuel Clouthier del Rincón

Días después de haber muerto mi padre, en el año 2012, el Colegio de Arquitectos de Reynosa Tamaulipas le hizo un homenaje póstumo y se descubrió una placa por ser socio fundador.

Esa misma semana, a mi madre le dieron la medalla al mérito docente "Maestro Rafael Ramírez" por 30 años en pro de la niñez y de la juventud Tamaulipeca.

Estando en el salón de eventos del Colegio, tuve que dar el agradecimiento en nombre de la familia, después de haber escuchado algunos discursos previos, y comencé mi intervención tomando prestadas unas palabras del General Omar Torrijos de Panamá:

"Vengo de un hogar donde mi padre tuvo toda su vida un trabajo honrado y mi madre un servicio permanente a la educación, por lo que provengo de un ambiente donde se respiró todo el tiempo la docencia y la decencia".

Mi madre era descendiente directa de españoles y mi padre de indígenas puros, por lo que tuve conciencia desde muy pequeño de lo que era ser un mestizo de la clase media mexicana, heredero de la cultura del esfuerzo.

En esos años, cuando visitábamos a mis abuelos maternos en la ciudad de Monterrey (Nuevo León), donde había nacido mi madre, escuchaba con frecuencia las conversaciones familiares sobre lo negativo de los actos de la Liga Comunista "23 de Septiembre" y lo lamentable que había significado para el país la muerte del empresario regiomontano Don Eugenio Garza Sada.

Y la primera pregunta que me hice al saber de tan horrendo crimen fue, "¿la muerte de una persona significa la solución a algo?"

Creo que desde entonces comencé a ver con suspicacia todo lo significaba socialismo o comunismo.

Mi opinión actual sobre el tema ha cambiado mucho, pero en esos años la duda me dio la posibilidad de comenzar a buscar caminos y encontrar respuestas a las preguntas que me hacía, para poder entender la conversación de los adultos. Era una manera de compensar la timidez que me invadía y me ayudaba a sobrellevar la dificultad de habla.

En esos años, en Monterrey se respiraba un aire de progreso e industria, las calles estaban señaladas con nombres de empresarios y no de héroes nacionales.

En casa siempre existió una libertad absoluta y cuando se trataba de darnos permiso para jugar con los amigos del barrio, mis padres nos dieron, junto a mi hermana Claudia, la mayor de la libertades para elegir lo mejor para nosotros. Una libertad que se acentuó en la adolescencia, por lo que nunca conocimos lo que eran las reglas rígidas de convivencia familiar.

La explicación a tal libertad era simple, todo lo prohibido se hacía más apetecible y terminaba por seducir a las personas.

Por vivir en la frontera, los ejemplos que se asumían eran los vividos muchos años antes en la época de la prohibición del Whisky, y en algún tiempo la pornografía, en la ciudad de Chicago (Estados Unidos).

En esos años 20 del siglo pasado, el mercado negro de la venta de alcohol y revistas se había disparado con la aplicación de leyes prohibitivas y en cuanto se permitió su venta, los índices de demanda disminuyeron drásticamente a menos del 50%.

Valoraba mucho esa libertad de la cual se hablaba y se vivía en casa y creo que desde entonces, se quedó grabado en mi mente que era la virtud y el derecho más grande que teníamos como seres humanos.

Comenzando el sexto año de primaria hubo una invitación para participar en un concurso de oratoria. Al momento de la invitación recuerdo haber escuchado en casa, que mi padre había terminado semanas antes un seminario de oratoria con un maestro de Guadalajara Jalisco y de inmediato, me dio la inquietud de participar.

Llegué muy entusiasmado a casa para hablar con mis padres y hacerles partícipes de mi decisión de participar ese año en aquel concurso.

El tema de moda de esos años era "Benito Juárez y su Tiempo" y de inmediato, mi padre tenía preparado un discurso donde se exaltaban las virtudes patricias del benemérito.

El día del concurso, cuando escuché el veredicto del jurado otorgándome el segundo lugar, fue una noticia que despertó en mí sentimientos terribles de derrota.

Estaba listo para participar en los próximos seminarios de oratoria del famoso maestro de Guadalajara, porque estaba dispuesto a conocer y crecer en tan bello arte/ciencia de la palabra.

Nunca pensé que la oratoria marcaría para siempre mi vida, ni que una disciplina que por lo regular no se encuentra en los planes de estudio de las profesiones liberales, excepto comunicación, no fuera obligatoria para alcanzar éxito en la vida.

Warren Buffet, el inversionista más grande de todos los tiempos y uno de mis héroes de vida afirma que detrás de su escritorio siempre conserva el certificado que le dieron en el *Carnegie Center* sobre influencia y persuasión.

Es de todos conocidos que *Buffet* redacta las cartas anuales que comparte a los inversionistas de su compañía *Berkshire Hathaway* y estas se distinguen por el buen uso de la palabra y la persuasión que les inyecta el llamado *Oráculo de Ohama*.

Mis certificados de Oratoria fueron expedidos por el "Ateneo Gómez Padilla" cuyo Presidente y fundador, Don Alfonso Gómez Padilla, pertenece a la llamada "Generación de Oro de la Oratoria Mexicana" en la que desfilaron tribunas como las de Alejandro Gómez Arias, Manuel Muñoz Cota, Porfirio Muñoz Ledo y muchos más... Que participaban en los eventos convocados por el periódico *El Universal*.

La oratoria fue el camino que me acercó al maravilloso universo de los libros y a la participación en movimientos políticos y estudiantiles.

Mis primeras lecturas, comenzando por la *Biblia*, eran el *Ulises Criollo* de *Don José Vasconcelos*, que es el primero de una saga de cuatro de la autobiografía del gran filósofo mexicano.

El Criterio de *Jaime Luciano Balmes*, al que yo llamo el filósofo del sentido común, el título lo dice todo.

La Vida Intelectual es otro libro maravilloso del filósofo francés *Jean Guitton,* donde se aborda el gusto por la cultura como camino de liberación.

Un libro que considero que debería ser de cabecera para los jóvenes es *El Hombre Mediocre* de *José Ingenieros*, un texto que habla del espíritu idealista y cuya primera parte merece transcribirse:

"Cuando pones la proa visionaria hacia una estrella y tiendes el ala hacia tal excelsitud inasible, afanoso de perfección y rebelde a la mediocridad, llevas en ti el resorte misterioso de un ideal. Custódiala, si la dejas apagar no se reenciende jamás.

Y si ella muere en ti, quedas inerte. Fría bazofia humana.

Solo vives por esa partícula de ensueño que te sobrepone a la real. Ella es la lis de tu blasón, el penacho de tu temperamento.

Innumerables signos la revelan: cuando se te anuda la garganta al recordar la cicuta impuesta a Sócrates, la cruz izada para Cristo y la hoguera encendida a Bruno;-cuando te abstraes en lo infinito leyendo un diálogo de Platón, un ensayo de Montaigne o un discurso de Helvecio; cuando el corazón se te estremece pensando en la desigual fortuna de esas pasiones en que fuiste, alternativamente, el Romeo de tal Julieta y el Werther de tal Carlota; cuando tus sienes se hielan de emoción al declamar una estrofa de Musset que rima acorde con tu sentir y cuando, en suma, admiras la mente preclara de los genios, la sublime virtud de los santos, la magna gesta de los héroes, inclinándote con igual veneración ante los creadores de Verdad o de Belleza.

Todos no se extasían como tú ante un crepúsculo, no sueñan frente a una aurora o cimbran en una tempestad; ni gustan de pasear con Dante, reír con Moliere, temblar con Shakespeare, crujir con Wagner, ni enmudecer ante el David, la Cena o el Partenón.

Es de pocos esa inquietud de perseguir ávidamente alguna quimera, venerando a filósofos, artistas y pensadores que fundieron en síntesis supremas sus visiones del ser y de la eternidad, volando más allá de lo real.

Los seres de tu estirpe, cuya imaginación se puebla de ideales y cuyo sentimiento polariza hacia ellos la personalidad entera, forman raza aparte en la humanidad: son idealistas.

Definiendo su propia emoción, podría decir quien se sintiera porta: el Ideal es un gesto del espíritu hacia alguna perfección".

El Hombre Mediocre, junto con su libro *Las Fuerzas Morales*, hicieron de *José Ingenieros* el "Maestro de la Juventud Latinoamericana".

Esa combinación de valores personales, culturales y sociales deben de ser una de las tareas prioritarias de la nueva educación.

Recuerdo que por esas épocas había un libro que se llamaba *Los Hijos, Reflejo De Sus Padres*.

No es una ley, pero la mayoría de las veces los hijos replican las conductas, palabras, pensamientos y hábitos de los padres, por lo que solo conociendo otros contextos a través de amistades, viajes y libros, se puede romper el paradigma con el que estás programado.

Bien señala aquella frase, *"quien lee mil libros vive mil vidas."* Ya regresaremos al tema de la lectura en la parte de la educación.

En mi adolescencia los concursos de oratoria eran muy frecuentes, sobre todo los convocados por las logias masónicas llamadas "Sentimiento Juarista" junto con los convocados por la SEP, que eran un encuentro permanente con los jóvenes más talentosos y activistas de México.

En uno de tantos concursos tuve la oportunidad de conocer a dos jóvenes que estaban exigiendo la democratización del Partido Hegemónico, Ramiro de la Rosa Bejarano y Alejandro Rojas Díaz Duran.

Se hacían llamar la "Juventud Progresista" y estaban caminando hombro con hombro con la llamada "Corriente Democrática", liderada por Cuauhtémoc Cárdenas y Porfirio Muñoz Ledo del PRI, partido que había gobernado durante 70 años en México y que lo había hecho con una rotación de cuadros generacionales donde el Presidente de la República de turno, elegía por simple voluntad y dedazo a su sucesor.

Era y sigue siendo un modelo atípico al existente en otros países, ya que siendo México una democracia, sigue existiendo una disciplina en la militancia interior de ese Partido que permite las designaciones de sus candidatos.

El PRI, desde su nacimiento, se colocó en el centro izquierda dentro de la geometría política.

Todas sus políticas públicas estaban encaminadas a enarbolar las banderas de la Revolución Mexicana y el sector triunfador de esa Revolución dio como resultado la primera Constitución del mundo, que estableció los derechos sociales y le daba soporte a muchos de los excesos de los autoritarismos, corporativismo, populismo y clientelismo que se conocen en la historia moderna de México.

Era atractivo participar en un movimiento joven que pretendía romper con ese monopolio del poder que significaba el PRI.

Mi activismo político inició entonces, con la idea clara de que había que introducir una democracia liberal en el interior del Revolucionario Institucional.

No simpatizaba con la idea de que el movimiento democratizador tuviera una posición con respecto a un socialismo democrático conocido en Europa como "Social Democracia", pero la causa de cambiar las cosas desde adentro de uno de los pilares del sistema, me parecía que valía la pena.

Intensos debates derivaron del nacimiento de la "Corriente Democrática" y aunque no provenía de una familia de políticos, mi afición por la misma me hacía estar activo firmando desplegados con amigos como Gerardo Garza Dávila, Rubén Pérez Anguiano, los mencionados Ramiro de la Rosa, Alejandro Rojas, Julio Madrazo, Federico Reyes Heroles, Rodolfo González Guevara, Luis Pliego Ortiz y Agustín Castilla Marroquín.

En esos años, cuando el debate de la apertura del PRI a elecciones abiertas se hacía patente, las presiones no se hicieron esperar, siempre existió un ataque a las posturas de la corriente democrática.

Era muy difícil para el PRI ostentar una postura de ideas o ideológica, ya que en realidad era el brazo político del Estado, pragmático, corporativo y autoritario.

Hay historiadores que afirman que el PRI nació a raíz de la muerte de uno de sus padres fundadores Álvaro Obregón y comenzó su decadencia cuando el pacto de civilidad y transferencia pacífica del poder, se rompió con la muerte de Luis Donaldo Colosio.

Luis Donaldo dirigió al PRI en un momento de importantes reformas para su democratización. Pero para Don Rodolfo González Guevara, entonces dirigente de la Corriente Crítica, eran insuficientes.

Una vez terminada la XIV Asamblea Nacional, en respuesta al discurso de Carlos Salinas de Gortari de que se hacían los cambios y reformas para mantener el poder y no para entregarlo, Don Rodolfo renunció al PRI y nació la organización "Nacional Democracia 2000".

La apertura del PRI significaba en mucho la construcción de una sociedad abierta y de un país donde sus instituciones se transformaran, ya que las nacidas de la Revolución estaban obsoletas y disfuncionales.

Carlos Salinas de Gortari quiso darle un cambio a las ideologías de Nacionalismo Revolucionario hacia el Liberalismo Social.

Este último significaba la adopción de las ideas de Don Jesús Reyes Heroles y su interpretación histórica de los liberales, que dominaron el debate del Constituyente de 1857 donde se hablaba de pequeños propietarios, federalismo, secularización de la sociedad y una Banca sólida de desarrollo a través del Banco del Avío y la vinculación con la Constitución de 1917, donde se abordan por primera vez en la historia del constitucionalismo mundial los derechos sociales. Una dicotomía difícil de explicar en una sociedad en donde las libertades eran mínimas.

El Estado Mexicano de los disfraces.

Por un lado se hablaba de que teníamos un sistema federalista cuando en realidad era un régimen centralista.

Se presumía de tener estabilidad social, cuando en realidad en territorio nacional habían estado presentando de manera recurrente paros sindicales, movimientos estudiantiles, grupos guerrilleros, movimientos magisteriales y movimientos ferrocarrileros.

Otro mito sobre la aparente unidad nacional era que el epicentro de la vida pública era alrededor del PRI y sin embargo, en muchas elecciones presidenciales se estuvo presentando una oposición real: José Vasconcelos, Juan Andrew Almazán y Henríquez en una primera etapa, para que ya en la historia moderna, se sumaran los nombres de liderazgos como el de Manuel Clouthier y Cuauhtémoc Cárdenas.

Se hablaba de estabilidad política y sin embargo, las luchas por el poder en la nomenclatura priistas siempre derivaban en renuncias y luchas internas en donde se anteponía el interés de grupo o personal al desarrollo del país.

A los rivales políticos del régimen se les trataba de tres formas: destierro, encierro o entierro.

Los códigos no escritos eran el silencio y la disciplina partidista.

Famosa la frase del eterno líder de la Confederación de Trabajadores de México, Don Fidel Velázquez:

"El que se mueve no sale en la foto"

Era un régimen que se alimentaba de prácticas que alimentaban la inmovilidad social, la ausencia de diálogo y de crítica, todo por la disciplina partidista y la obediencia ciega a la autoridad de turno.

Se puso de moda en los medios de comunicación durante el sexenio del licenciado Miguel de la Madrid y Carlos Salinas de Gortari, el hablar de que la reforma del poder y de los principios de la revolución mexicana había que renovarlos a través del relevo generacional y de promover en la administración pública a jóvenes más preparados y educados en escuelas extranjeras.

Todos los estudiosos de ciencias políticas saben que todo gobierno, aparte de gozar de legalidad democrática y constitucional, debe de tener un soporte de legitimidad. Esto es, la aceptación de los ciudadanos de que ese gobierno tiene elementos de soporte que van de acuerdo con lo establecido en las leyes y los anhelos de las mayorías.

Pero una vez que se acrecentaba la información en nuestro país y después de tantos fraudes electorales e imposiciones, era necesario que se contara con una fuente de legitimidad que le diera soporte y sentido a la Reforma del Poder y a la adopción del liberalismo social y fue entonces, cuando un recién graduado del Doctorado en Ciencia Política en *Harvard* puso el dedo en la llaga.

Durante dos sexenios se habló de los llamados "tecnócratas", que eran jóvenes egresados de universidades extranjeras, principalmente de EE.UU y a partir de ahí el régimen, cuyo giro a la derecha política se dio gradualmente, adoptó el discurso de la política moderna entendiendo esta como la calidad en la decisiones en las políticas públicas.

Ya no importaba la carrera política o la experiencia empresarial en las elites de gobierno, como afirmaba *Roderic Ai Camp*, sino que lo único que les daba sentido y legitimidad de formar parte de la alta burocracia eran sus títulos académicos, principalmente del extranjero.

Juan David Lindau fue el aspirante al Doctorado que publicó su libro con el nombre *La Tecnocracia en México.*

En el libro, Lindau señala que en un país donde no existe democracia, la legitimidad del gobierno se tiene que buscar en otras partes, por lo que la educación en el extranjero era una manera de lograrlo.

Nos vendían la idea de que estábamos en buenas manos y de que, en manos de la tecnocracia, el país tendría buen rumbo. El liberalismo democrático seguía siendo el gran ausente de nuestra tardía transición.

En lo que respecta a los resultados económicos en los años de los gobiernos del PRI y su "Nacionalismo Revolucionario" hizo posible que para antes del año 2000 de la alternancia, solo en el gobierno anterior de Ernesto Zedillo la inflación acumulada fuera del orden del 280% y la moneda se devaluó ante el dólar en ese mismo periodo un 90%.

Si nos vamos 25 años atrás, tal y como señala Don Luis Pazos en su libro *La Reforma Hacendaria. Ganadores y Perdedores*, el peso se había devaluado en relación con el dólar en un 76,000%.

La deuda pública interna y externa a finales del año 2000 era equivalente a 135 mil millones de dólares, sin contar las deudas gubernamentales no registradas en proyectos de infraestructura en el sector de hidrocarburos y de electricidad (pidiregas), de aproximadamente 37 mil millones de dólares y una deuda del IPAB equivalente a cerca de 70 mil millones de dólares.

Finaliza Pazos comentando que ese año 2000, el gobierno reportó un déficit de alrededor del 1% del PIB, pero si registramos los PIDRIEGAS, los pagos de pensiones del IMSS y al ISSSTE, el IPAB y otros compromisos indirectos, el déficit real del sector publico alcanzaba el 3.5 o 4% del PIB, según estos datos sacados de la propia Secretaría de Hacienda y Crédito Público de México.

Los números no mienten y esa era la razón fundamental por la que siempre he pensado que los gobiernos son malos administradores.

En el plano político, los números no son tampoco alentadores.

Uno de los méritos de tener un liberalismo democrático es que podamos tener una representación popular de la sociedad lo más amplia posible.

Una prueba de que hemos tenido una sociedad mal representada es que con el paso de los años, tanto en la Cámara de Diputados como en la de Senadores, se ha puesto de manifiesto una dictadura de Partidos.

Desde que se llevó a cabo la reforma constitucional del 29 de abril de 1933, cuando se eliminó la reelección inmediata, alrededor de 80 familias han dominado la vida interna de los Congresos, lo que nos habla más de una representación partidista y de intereses de grupo que de una verdadera representación del pueblo.

Hay un trabajo excelente del tema, hecho por Esteban David Rodríguez, que se editó en el libro llamado *Los Dueños del Congreso* y que después de años de ausencia ha vuelto a circular en una nueva edición.

En el trabajo da nombres de familias enteras, de todos los colores partidistas, que se han perpetuado en el poder legislativo.

El que nuestras instituciones se encuentren controladas, tanto en el terreno financiero como en el político, es una muestra clara de una sociedad cerrada y no de una sociedad abierta donde imperen los aires de libertad.

La representación social es uno de los temas que se quedó en el tintero de la Reforma del Estado que se debió de haber aterrizado después del año 2000, en los tiempos de la alternancia.

Una revolución que tranza se muere.

Se había llegado al año 2000 con la promesa de una transición que derivara en una nueva Constitución y todo se redujo a una gestión de gobierno en los 12 años del PAN.

Siguiendo con el tema de la Representación hay que comentar que el debate parlamentario se nutre con los puntos de vista del ciudadano que no se encuentra contaminado con el tema de las ideologías partidistas.

Esteban David Rodríguez señala con puntualidad:

"Entre 1934 y 2000, 1.178 legisladores se reeligieron al menos una vez y por lo menos un centenar acumuló entre 12 y 30 años viviendo de ello. En los últimos 64 años, no sólo tuvimos legisladores que llegaron a 30, 24, 21 o 18 años en sus posiciones legislativas sino también familias, auténticas dinastías que han mantenido su presencia en el Congreso desde 1934, muchas de las cuales siguen ahí en el siglo XXI, y no sólo del PRI.

Hablando de senadores, la mitad de los elegidos entre 1934 y 2000 se ha reelegido, ya sea en la misma cámara y/o combinándolo con diputaciones, mientras pasa el período prohibido para la reelección.

En la Cámara de Diputados, para el mismo período y concepto, el porcentaje es menor: 12,4."

Como bien dice el autor, estas cifras pueden parecer moderadas, pero son en realidad muy significativas cuando se considera que no son entes aislados, sino verdaderas élites que han controlado el Poder Legislativo en el México postrevolucionario.[i]

Nos encontramos en una sociedad cerrada y en crisis, cuyos elementos institucionales económicos y políticos han fallado en lograr crear crecimiento y desarrollo y no seguir siendo el país de las grandes desigualdades.

Pero no todo es negativo, en los últimos años y gracias a los avances tecnológicos, podemos estar más comunicados e informados y darnos cuenta de que el mundo es plano y que las recetas políticas que funcionan en otros países, pueden funcionar en el nuestro.

Pertenezco al grupo "Evolución Política" fundado por *Tatiana Clouthier* y otros entusiastas ciudadanos, donde se tomaron como bandera las candidaturas independientes, las cuales representaban la aspiración de miles de mexicanos.

El ex canciller Jorge Castañeda inició un activismo muy importante en esos días para lograr ser candidato independiente.

Tales iniciativas permiten quitarle a los Partidos tradicionales el monopolio de la opinión pública y que nuestra democracia tenga una base más ciudadana y no represente solo la voz de los Partidos.

Nuestra transición política en el México moderno inicia, como señalé en párrafos anteriores, en 1978 con la Reforma Política planteada por Don Jesús Reyes Heroles para darle a los Partidos pequeños un lugar en el Congreso y permitir que las minorías estuvieran representadas.

Es un mito pensar que la transición comenzó en el año 2000 con el gobierno de Vicente Fox. Una transición siempre deriva en una nueva Constitución por lo que, al no existir un desmantelamiento del viejo régimen, solo podemos hablar de alternancia y no de transición.

Así lo dejé asentado en mi carta de renuncia, que presenté al Comité Nacional del PAN y que a continuación transcribo:

9/21/2015

Lic. Ricardo Anaya Cortez

Jefe Nacional del Partido Acción Nacional

La presente misiva es para presentar mi renuncia como militante activo del PAN por los siguientes motivos: El triángulo de la verdad se encuentra entre lo que el hombre piensa, dice y hace. De ahí que la congruencia se mida en la manera en que actuamos en nuestra vida privada y pública y sobre todo en un espacio deliberativo como lo es el Partido Acción Nacional.

Desde su nacimiento, el PAN ha estado preocupado por ser de manera permanente una escuela de ciudadanos, donde se respete la libertad, la dignidad y la participación democrática. Un instrumento social que se esmeró para poner los límites al Estado y a la hegemonía de un Partido único que gobernó por siete décadas.

El debate histórico se distinguió siempre por anteponer los intereses de México por sobre cualquier otra cosa. El PAN siempre fue consciente de la trascendencia que significaba no perder esa identidad como organización crítica del poder. Y la negociación la entendíamos, como un diálogo entre iguales pero sin perder nunca nuestros principios, valores y visión compartida de país.

No es entonces la negociación la costumbre de traficar favores, etiquetar recursos, evadir responsabilidades y compartir el poder; sino la práctica que permite ponernos de acuerdo a los que pensamos diferente y elegir las soluciones que más le convengan a México. Porque una sociedad que fracasa hace fracasar a todos.

Era claro y objetivo Don Manuel Gómez Morín cuando afirmaba: "La declaración de principios que dio nacimiento a Acción Nacional no tuvo en cuenta consideración oportunista alguna; fue hecha precisamente para traspasar, con la claridad de valores superiores y permanentes, la espesa obscuridad ideológica creada en México por el olvido de esos valores superiores, con la sucesiva admisión de las ideologías más contradictorias según las exigencias del momento". Nuestro debate más importante era entonces contribuir de manera permanente para lograr en primer lugar el desmantelamiento de un viejo régimen político caduco y en segundo lugar lograr una transición democrática que derivara en una nueva Constitución.

Por años, el modelo político existente nacido de la Revolución Mexicana coartó las libertades políticas, acentuó el centralismo y dio nacimiento a un Estado corporativo que solo alentó intereses de grupo y privilegios al amparo del poder. Sin ideología clara y un pragmatismo rampante el PRI gobernó entre bandazos y crisis recurrentes.

A un país con una riqueza natural enorme como el nuestro, le ha costado más de un siglo transitar hacia la prosperidad económica y un eficaz Estado de derecho. En los años que fuimos gobierno la tarea de la Reforma del Estado fue la gran tarea que quedó pendiente.

Las cerca de 661 enmiendas constitucionales que se presentaron en la Comisión Especial de la Reforma del Estado en el Congreso de la Unión están hoy durmiendo el sueño de los justos. En esos años de gobiernos del PAN los gobernadores del PRI no solo se fortalecieron en sus regiones sino que estuvieron de manera permanente gozando de la *impunidad y evitando cualquier reforma que les quitara los privilegios ya ganados desde los primeros años de la historia post revolución.*

Las diferencias entre las ideas con las que llegaba el PAN con las de esos gobiernos eran puntuales y sustantivas. El PAN en su veta liberal buscó siempre alentar el federalismo, bajar impuestos, respetar los derechos humanos, consolidar al municipio libre y desmantelar el corporativismo y las aéreas controladas por el Estado que sumían al país en el caos y el retraso económico.

Nuestro debate se redujo a mostrar nuestros resultados de gestión con los de los últimos 70 años en México pero sin haber dado un paso en serio para el diseño de una nueva estructura constitucional que abriera paso a México a convertirse en pocos años en una potencia en el concierto de las naciones. Nos limitamos hacer comparativos mediocres de números sobre resultados de políticas públicas, debates amarillistas estériles y como con una necia terquedad demostrar que en el mundo de los ciegos podíamos ser reyes.

Los momentos cruciales del año 2000 y la legitimidad que nos habían dado las urnas- no solo al PAN sino a todo un frente ciudadano- nos obligaban actuar con gran visión de Estado y no solo conformarnos con administrar las crisis y tener control de daños y riesgos.

No solo la administración pública sufrió los mareos del poder, sino que en el Partido se dio nacimiento a prácticas operativas en elecciones internas que habíamos criticado con tanta pasión a través de los años, la mayoría de ellas prohibidas por nuestros estatutos y reglamentos.

Ha sido muy común en estos años ver afiliaciones masivas, acarreo de militantes, compra de votos, alteración de padrones, robo de urnas, compra de candidaturas y violencia en elecciones internas. Lo que tanto se trató de evitar de ganar el gobierno y no perder al partido fue precisamente el resultado de 12 años de gobierno del PAN.

La última contienda para elegir Jefe Nacional donde participó el compañero Javier Corral Jurado no fue la excepción, con todas las características de una maquinaria dictatorial y de manera avasallante dimos muestras de habernos convertido en un Partido más del montón.

No pierdo la esperanza de que en el futuro el verdadero PAN el que pensaron con tanta pasión sus fundadores vuelva a sus orígenes y se convierta en la fuerza cívico ética que le dé a México una ruta de prosperidad y felicidad.

Me voy sin resentimientos ni frustración y con el recuerdo entrañable de los amigos que siguen conservando su integridad y valor cívico y que todavía ven una posibilidad de que las cosas cambien en la vida interna del PAN.

Los tendré presentes con gran cariño y con el sublime recuerdo de que hemos caminado hombro a hombro en momentos difíciles, seguiremos por la ruta de la libertad y con el tiempo, cuando los caminos de la lucha limpia y legitima nos permita encontrarnos, tendrán en mí una mano amiga que compartirá esfuerzos para seguir construyendo una patria ordenada y generosa y una vida mejor y más digna para todos."

Pasando de este sumario partidista, hay que recordar que el tema de los Candidatos independientes no es nuevo. En Sinaloa, en 1940, ya existió uno exactamente a 12 años de nacido el PRI, el que por esos años se llamaba Partido Nacional Revolucionario y el candidato independiente se llama Rodolfo Tostado Loaiza. El periodista Raúl Hernández Moreno lo relata en una nota periodística del 23 de junio del 2015 del diario digital "Despertar Tamaulipas":

En 1940, Loaiza se lanza como candidato independiente a la gubernatura de Sinaloa, con el apoyo de su amigo, el ex presidente de la república, Lázaro Cárdenas. Tiene tres rivales, entre ellos Liera Berelleza, candidato del Partido de la Revolución Mexicana y amigo del Presidente Manuel Ávila Camacho. Es una campaña difícil que finalmente gana Tostado, quien había sido dos veces diputado federal y senador.

Tostado Loaiza, hombre de baja estatura, regordete, simpático, agradable, de tez blanca, de incipiente calvicie, le gustaban las fiestas y las mujeres. "No dejaba una para comadre", decían de él.

También le gustaba la cantada.

El 21 de febrero de 1944, en pleno carnaval de Mazatlán, Rodolfo Tostado fue asesinado de dos balazos en la nuca, cuando convivía en el salón Andaluz del Hotel Belmar.

Un pistolero de su mismo nombre Rodolfo Valdez "El Gitano", lo mató y luego se enfrentó a tiros, apoyado en otros gatilleros, con los escoltas del mandatario, para poder huir.

La vox populi dijo que el asesinato había sido un "crimen de Estado".

No sería la primera vez que en esos años de gobiernos revolucionarios se apelara a los asesinatos y la violencia para acallar las voces de la oposición.

La historia es la memoria de la política de ahí la importancia de volver hacer los análisis para llegar a lo que los historiadores llaman la "verdad histórica" y ver con mayor claridad lo que hemos sido como mexicanos y lo que queremos llegar hacer.

En una conversación con Lluis Basset, el ex Canciller Español Javier Solana que apareció a manera de libro llamado "Reivindicación de la Política" señala que la política es más que gestión y administración: "la política tiene que ser pedagogía y tiene que ser liderazgo". Es que la gente te entienda y sepa adónde vas. Muy en el tono de lo que afirmara muchos años antes uno de los más grandes educadores y Presidentes de Argentina Domingo Faustino Sarmiento "Gobernar es educar" y completaría la frase uno de nuestros grandes intelectuales mexicanos Don Justo Sierra "educar es fortificar".

Llamé a este apartado el privilegio de dudar porque la duda es una aliada incondicional para aproximarnos de manera permanente a la verdad.

Recuerdo una ocasión en que pedí un viernes el libro *El Discurso del Método* de *Rene Descartes* y un compañero universitario me comentó de manera sarcástica, *"qué buen fin de semana pasarás leyendo eso."*

Nunca había leído a René Descartes pero su lectura me abrió los ojos con respecto a la sencillez de los conceptos de los filósofos clásicos. Nos dan las herramientas para poder entender el mundo en el que nos movemos y hacerlo más fácil.

La columna vertebral del libro habla sobre la importancia de la duda como una manera de estar siempre buscando las distintas perspectivas de ver la vida y el mundo de las ideas y no crear conceptos rígidos que después se convierten en dogmas y creencias limitantes que marcan nuestra existencia y en muchas de las ocasiones nos llevan a vivir en el error permanente.

La Historia, Memoria De La Política

"En la izquierda mexicana sigue habiendo intolerancia, dogmatismo, y un espíritu inquisitivo por lo que ser liberal es igual a ser conservador"

Enrique Krauze

"El motivo del hombre es uno mismo, no el añadir un trabajador al Estado"

Ralph Waldo Emerson

En una conferencia que ofreció *Enrique Krauze* para el Encuentro Internacional llamado *"La izquierda democrática" Krauze* relataba la preocupación constante que en vida tuvo Don Octavio Paz para conciliar lo mejor del socialismo y del liberalismo (capitalista).

Esa necesidad imperiosa de que la igualdad y la libertad caminaran de la mano y cuya única salida eran la "fraternidad" y el "diálogo", recordaba entonces que en lo mejor de ambas tradiciones había transitado un personaje que encarnaba lo mejor de ambas llamado *Alexander Herzen* quien durante muchos años había asumido posturas contra el régimen de los Zares Rusos y cuyos escritos desde la izquierda tenían un matiz muy liberal.

El choque entre socialistas y liberales se debían, afirmó *Enrique Krauze*, a dos sucesos históricos que recrudecieron el debate ideológico y político del siglo XX: La Revolución Bolchevique de 1918 en Rusia, que después degenero en el sistema dictatorial de Stalin y años después, en América Latina la Revolución de Castro de 1959.

Estos dos acontecimientos llevaron al fraccionamiento de la ya frágil relación de socialistas y liberales en México.

Es frecuente entre los historiadores insistir en que, en nuestro nacimiento como nación, tenemos en nuestras raíces la figura del Cacique árabe heredada por los españoles y el Tlatoani indígena.

Esto ha permitido que se abuse del argumento histórico e insistir en que la sociedad misma ha sido responsable de construirse a sí misma una forma piramidal, que ha facilitado un régimen político centralizado, corporativo y patrimonialista desde el tiempo de la Nueva España.

Todo inició en la época de la Colonia con las llamadas "reformas administrativas borbónicas" de Juan José de Gálvez y sus famosas intendencias.

Con el Sistema de Intendencias se implantó una nueva organización territorial y administrativa en los Virreinatos.

Las intendencias se ocupaban de aspectos políticos, económicos y militares en sus jurisdicciones.

Los intendentes eran nombrados por el monarca y con esto se buscaba modernizar el aparato administrativo y aunque este tenía una organización con presencia regional para el ramo de la Hacienda y el intendente tenía injerencia en los asuntos fiscales y de gastos públicos, al final se mantenía subordinado al intendente general de México.

Ya en la época independiente la lucha entre centralistas y federalistas, no cambió mucho la manera en que se pretendía hacer notar la intervención del Estado en la vida pública.

En el recuento histórico de la evolución de nuestra vida económica emergen con notable presencia tres momentos intermitentes y de esperanza para evitar la entronización del Estado como la figura dominante de nuestra vida económica y política.

Uno de ellos es durante la implementación y vigencia de la Constitución de 1857, otro el ascenso de Francisco I Madero a la Presidencia de México y tercero, el debate y dialogo de liberales y empresarios que comenzó en el gobierno de Manuel Ávila Camacho.

No existe una generación de políticos más brillante que la conformada por la liberal de 1857.

Proponían crear las bases y las facilidades para crear una sociedad de pequeños propietarios, establecer las garantías individuales a los ciudadanos mexicanos, la libertad de expresión, la libertad de asamblea, la libertad de portar armas, la abolición de la esclavitud, prohibió los títulos de nobleza, honores hereditarios y monopolios y facultades muy importantes de contrapeso al Poder Legislativo.

El Congreso estaba dividido en dos facciones principales:

Por un lado, los liberales moderados que pretendían restablecer la Constitución de 1824 como Mariano Arizcorrea, Marcelino Castañeda, Joaquín Cardoso y Pedro Escudero Echanove.

Por otra parte, los liberales puros que pretendían realizar una nueva redacción de la Carta Magna entre los que destacaron Ponciano Arriaga, Guillermo Prieto, Francisco Zarco, José María Mata y Santos Degollado.

Las reformas más discutidas eran:

La que prohibía la adquisición de propiedades a las corporaciones eclesiásticas.

La exclusión de los eclesiásticos en puestos públicos.

La abolición de los fueros eclesiástico y militar (Ley Juárez).

La enseñanza laica.

La libertad de cultos.

Antes de los Liberales de 1857, la historia del liberalismo tuvo sus contradicciones, así lo señala con claridad en los estudios de *Charles A. Halle* en su libro *"El liberalismo mexicano en la época de Mora"*.

Hacia 1834 vemos en México una patente contradicción dentro del liberalismo entre el hincapié político en la creación de un Estado fuerte y el hincapié socioeconómico en la propiedad privada, *"el individualismo y la libre acumulación de la riqueza"* escribiría *Halle* en el capítulo dedicado a el utilitarismo y la sociedad liberal.

Por eso es notorio que ya para 1857, nuestros liberales tuvieran por un lado la visión compartida de una sociedad de pequeños empresarios y la propuesta de varias iniciativas sociales que impulsaran el desarrollo nacional.

El mismo Don Jesús Reyes Heroles, en su magna obra *"El liberalismo mexicano"* compuesta de tres tomos pero en el tercero dedicado a la *"Protección y Libre Cambio"* señala:

"Ya en los orígenes del liberalismo mexicano, en la discusión de nuestros primeros congresos, se manifiesta claramente esta tendencia a separarse del liberalismo económico adoptando un proteccionismo que en rigor era prohibicionismo.

Es José María Luis Mora quien en su aportación a nuestro liberalismo mexicano escribe el "Ensayo filosófico sobre nuestra revolución constitucional" publicado el 3 de marzo de 1830 en el Observador y donde demuestra en palabras de Reyes Heroles su "corte liberal" hablando de la herencia del mercantilismo colonial:

"No nos han perjudicado menos ni son menos contrarias a los principios de una Constitución verdaderamente libre, las ideas mezquinas que hemos recibido de nuestros padres sobre economía pública: hablamos del sistema prohibitivo lo que es lo mismo, a las trabas puestas a la industria de los particulares bajo el pretexto de fomentar la prosperidad nacional y sentencia con todo rigor."

Sin Libertad de la industria, la creación de capitales es muy lenta y tardía; las facultades activas del hombre carecen de estímulo y esto lejos de fomentar el crecimiento de la nación."

En la formación del liberalismo mexicano, el tema de la tierra viene a ser uno de los temas fundamentales, sobre todo por la condición de nuestra propiedad pre colonial abatida por la Conquista y como señala Jesús Reyes Heroles, por la justificación que la propia Conquista hace de ser la originadora del derecho de propiedad y junto a ella, la miseria y la concentración de la propiedad en manos laicas o en manos de la Iglesia.

De ahí que no es casual que Reyes Heroles viera en Mora y Alamán los rasgos sociales de la lucha iniciada por la independencia de México.

Y aquí una de las reflexiones más importantes de la circunstancia histórica en que se adopta al liberalismo y que hacen que Don Jesús Reyes Heroles acentúe la visión social:

"Si es Liberalismo mexicano es social, se debe a que las peculiares condiciones de tenencia de la tierra pre coloniales fueron desterradas formal y materialmente mediante una práctica y doctrina que no encontraban, en el fondo, más apoyo que el "derecho de conquista."

Por eso el insistente deseo de nuestros liberales sociales de restaurar la propiedad tal y como la conocieron nuestras culturas indígenas y como bien señala el Doctor José Miranda González, del Instituto de Historia de la UNAM en un ensayo titulado "La Propiedad Prehispánica en México", cabe reducirlas en dos grandes grupos o sistemas:

El constituido por los pueblos de la zona central

Este grupo incluye a Oaxaca Mexicas, Tarascos, Tlaxcaltecas, Mixtecas y Zapotecas.

Comprende tres formas principales de propiedad de la tierra:

La común, del pueblo, con usufructo individual de parcela determinada:

La privada, de la nobleza de índole agraria y urbana y

La de instituciones y servicios.

El integrado por los pueblos en la zona sur-mayas

Tzotziles, Tzeltales etc.

Dos son las formas principales de propiedad que engloba este grupo:

La común, del pueblo, con usufructo de parcela indeterminada

La propiedad privada de la nobleza, de índole urbana casi exclusivamente.

El Dr. José Miranda González no olvida mencionar:

"Es importante hacer mención que los bienes muebles, tanto en el sistema mexica (calpulli) como el maya, se ajustaron de lleno a las normas de la propiedad privada, es decir, eran poseídos con exclusividad por los particulares quienes podían disponer libremente de ellos. El robo era castigado con toda severidad en casi todos los pueblos prehispánicos de México por la alta estimación que éstos tuvieron por dicha clase de

propiedad, a cuyo amplio arraigo se debió el esplendor que adquirieron el comercio y los mercados."

Volviendo al liberalismo social es evidente que fue toda una corriente que tuvo una presencia marcada en el movimiento liberal de 1857.

Las principales expresiones de esa corriente se encuentran en el proyecto del artículo 17 presentado por la Comisión del Congreso Constituyente y que tenía como principales exponentes a José María Castillo Velasco, Ponciano Arriaga e Isidoro Olvera.

Como bien apunta Reyes Heroles, *"Dentro de su tónica doctrinal amplia y general consignaba un liberalismo social."*

El proyecto del artículo 17 consignaba el derecho de propiedad a la libertad de trabajo.

El planteamiento en términos generales de Arriaga y Castillo Velasco es que admitían la legitimidad de la propiedad individual pero como un derecho sujeto a función social.

Pero es clara la influencia de los pensadores socialistas en esa corriente de nuestro liberalismo. Lorenzo de Zavala citando a *Sismondi*, Mariano Otero teniendo influencia de *Fourier* y Melchor Ocampo traduciendo a *Proudhon* y cuya influencia se percibe en Isidoro Olvera.

Existía en nuestros liberales de esos años una postura, por un lado, del más puro liberalismo donde consideraban el derecho de propiedad preexistente a la sociedad y por otro lado, una postura que pone énfasis a la cuestión social.

El planteamiento es el mismo que hoy nos hacemos en el México del siglo XXI tal y como se preguntaba José María

Iglesias, *"¿la propiedad es de derecho civil o de derecho natural?"*

Hay quienes creemos que las ideas de *John Locke* respecto a que la propiedad es un derecho natural e inalienable siguen vigentes al afirmar que todo hombre tiene una propiedad en su propia persona derivada del producto de su trabajo.

Lo mismo creía *Jeremías Bentham*, quien afirmaba que la propiedad estaba ligada a la seguridad. Tanto él como *Edmund Burke*, influidos por *David Hume* cuyas ideas tenían la base de la justicia virtud "artificial" en comparación con la virtud "natural", significaba sobre todo el respeto a las convenciones existentes a los derechos de propiedad.

Nunca pensaron los liberales sociales de toda una generación, que el ascenso del General Porfirio Díaz, quien se decía liberal, agregaría una novedad ideológica más que tendería a entronizar nuevamente al Estado mexicano y le daría a sus años de gobierno un matiz dictatorial también en lo político.

Y es que, como bien anota Arnaldo Córdova en su libro *"La ideología de la Revolución Mexicana",* el Porfiriato encontraría en el positivismo el pretexto para el orden, la paz y el progreso y para, con la ayuda del Estado, coartar las libertades políticas y encumbrar a una elite económica que no sería la depositaria o producto de las ideas de un modelo de mercado libre sino del tráfico de influencias que encumbraría a los traficantes de poder que se autonombraban "empresarios."

Y es que, como bien anota Córdova:

"El propósito de los liberales era crear una masa de pequeños propietarios emprendedores, que sirvieran de base a la formación del mercado nacional y al desarrollo del capitalismo.

Los resultados fueron otros: las tierras de la Iglesia, nacionalizadas por el gobierno de Juárez, fueron malbaratadas en momentos de urgencia y acaparadas por unos pocos especuladores."

Este proceso dio nacimiento a un nuevo tipo de latifundista que constituyó el primero y más importante de los sectores sociales en que se apoyó el Porfirismo.

La estrategia del gobierno era el desarrollo nacional, pero la naturaleza del propio sistema político tuvo su composición en una clase dominante y el régimen de privilegio en que se fundó la política de desarrollo, en gran parte se debió a la hegemonía de los grandes propietarios de tierra y, como bien anota Arnaldo Córdova, un hecho que constituyo al futuro la causa fundamental de la Revolución social de 1910.

En la idea rectora del Porfirismo, que era el progreso, se veía la realización del espíritu positivo y a través de la educación en los principios de la ciencia, llevaría a un orden social en que las mentes estarían unificadas y uniformadas.

Nuevamente el bagaje ideológico para que, en nombre de la sociedad, se entronice al Estado y lo que esto significa, la legitimidad a sistemas políticos centralizados y autoritarios. Una triada perfecta entre políticos, empresarios y capital extranjero.

En el recuento histórico, la figura de Francisco I. Madero se agiganta.

Madero vuelve a soñar con la idea de que en México prevaleciera una clase media compuesta de pequeños empresarios y acabar con la política de los privilegios.

Anota Arnaldo Córdova en su libro ya mencionado sobre la ideología de la revolución:

"Sus banderas de lucha fueron la democratización del régimen, la defensa de la Constitución y de la legalidad y la reivindicación del principio de la propiedad privada y en particular, del pequeño propietario emprendedor provisto de los medios suficientes para ejercer el espíritu de empresa."

Madero conocía de primera mano los negocios que llevaban a cabo las élites porfiristas y las pocas oportunidades que tenía de competir un emprendedor.

El liberalismo de Madero no era solo en materia política, sino también económica.

La evolución del Estado mexicano ha sido siempre de ensanchamiento, intromisión y privilegios. Y es que hasta nuestros días, las más grandes fortunas se amasan con dos elementos que se conjugan: una realidad de subdesarrollo y un andamiaje institucional frágil.

No importa la ideología o el modelo de desarrollo planeado, si existen elementos que permitan los privilegios fiscales, financieros y legales, con dificultad podrá triunfar un modelo económico que nos permita el crecimiento.

Lo que Francisco I. Madero buscaba era una reforma al sistema político formado por Díaz. Nunca se planteó una revolución como tal, sino solo permitir las posibilidades de nuevos participantes en la política y en la economía.

Cuando se condena a las políticas de libre mercado de ser las culpables de la concentración de la riqueza, se omite que las dos características mencionadas: subdesarrollo y fragilidad institucional, son las constantes en el origen de muchos de los gigantismos económicos.

Así lo fundamenta con gran maestría *Sam Wilkin* en su libro *"Secreto de la riqueza del 1% Cómo llegaron a la cima los súper ricos."*

Las concesiones, licencias, regímenes especiales fiscales, corrupción y guerras son muchas de las prácticas de muchas de las grandes fortunas.

Con la muerte de Madero, relatada con todo rigor por Pablo Ignacio Taibo II en su libro *"Temporada de Zopilotes",* no termina de asombrar cómo las élites no aceptaron el desplazamiento de esas políticas de privilegios.

La muerte del apóstol retrata la pérdida de la gran oportunidad que tuvimos de poder transitar a la democracia y a la prosperidad.

Pero el crecimiento de nuestro leviatán mexicano (Estado) no termina con el Porfirismo.

Ya en los tiempos de la redacción de la Constitución de 1917 se dan otras escaramuzas legalistas que vuelven a sentar las bases para la construcción de un Estado corporativo e interventor.

En una conferencia dictada por Pedro Salmerón para el buzón ciudadano y que aparece en YouTube con el nombre de *"Constitución de 1917. Reflexión Histórica",* nos recuerda Salmerón que la Constitución de 1917 se considera a sí misma la Constitución de 1857 reformada, por lo que no implica un cambio de régimen político sino una reforma de ese régimen político que antes es el resultado de una insurrección popular, la Revolución de Ayutla, en contra del último intento dictatorial de Santana y termina con el fusilamiento de Maximiliano, que tiene como características centrales que México es una República democrática representativa, popular y federal.

La aportación adicional de un grupo de Constituyentes de 1917 fue el contenido social que se exaltó en esta nueva Constitución.

Existía un grupo conocido como "Los Radicales o Jacobinos Diserta Salmerón" y entre ellos se encontraban Héctor Victoria, Francisco J Múgica, Heriberto Jara, Juan José Bohórquez, Esteban Baca Calderón y Pasto Rúa y que subrayaban que la nueva Constitución tenía la obligación de obedecer las demandas populares que dieron origen a la Revolución Mexicana, sin romper las estructuras capitalistas.

Al calor de las discusiones surgió una Comisión para elevar a rango Constitucional los derechos de los trabajadores que quedan plasmados en el artículo 123 Constitucional, siendo el primer ordenamiento jurídico en tener este tipo de derechos sociales, incluyendo propuestas claras a los artículo 3 sobre la Educación, el 130 en tema de Iglesia / Estado.

Pero el artículo más importante a discutir fue el 27 Constitucional. Para Pedro Salmerón este fue el cambio más profundo planteado por este grupo radical, ya que invierte la relación de la propiedad de la tierra.

En el modelo liberal la propiedad es una garantía y por lo tanto, un derecho humano y como tal es inalienable e imprescriptible, lo que lo hace un derecho inatacable.

La propuesta del grupo radical de los constituyentes de 1917 es que la propiedad de las tierras y aguas comprendidas dentro de los límites del territorio nacional corresponden originariamente a la nación, la cual ha tenido y tiene el derecho de trasmitir el domino de estas a los particulares, constituyendo la propiedad privada.

La revolución legal es que la propiedad ya no es una garantía sino una trasmisión de dominio que hace la nación hacia ti. La nueva Constitución limitaba la propiedad privada a la superficie.

Termina Salmerón su magistral conferencia con dos señalamientos con los que coincido.

En cuanto al tema del artículo 27, el tema de la tenencia de la tierra, sobre todo el tema del ejido es un arma política que ha usado la mayoría de los Presidentes de la post revolución a través de la Secretaria de la Reforma Agraria y en cuanto al artículo 123 no existe la libertad de asociación, ya que para que existan los Sindicatos, estos tienen que solicitarlo a otro empleado del Presidente a través de la Secretaria del Trabajo. Así como tampoco existe el derecho de huelga, ya que esta es legal si así lo decide una dependencia del Ejecutivo a través de las Juntas de Conciliación y arbitraje.

Creo que el país requiere de un nuevo Constituyente para que podamos debatir todos estos temas que hasta ahora solo están concentrados en una casta política y un Ejecutivo que ejerce facultades metaconstitucionales, esto es que no están expresamente establecidas en la Constitución y que son letra muerta.

En lo personal estoy convencido de que el derecho de la propiedad es un derecho humano que tiene que ser respetado para dar seguridad jurídica a las personas que lo poseen.

Hubo un debate muy interesante en nuestro país, que considero que fue el tercer momento que dejó claro la postura de una generación en los años de 1942, poco después de la Presidencia de Manuel Ávila Camacho.

En su trabajo, *Las raíces de la ortodoxia en México"* la maestra María Eugenia Romero Sotelo de la UNAM, nos recuerda que existió toda una corriente de un sector de la élite económica mexicana, que fue aportadora del desarrollo del liberalismo mexicano del siglo XX con el fin de crear un proyecto alternativo a lo que era denominado "Nacionalismo Económico Mexicano" que surgió con la Revolución Mexicana de 1910 y se consolidó con las reformas económicas y sociales impulsadas por el presidente Lázaro Cárdenas (1934-1940).

Esta oposición se apoyó en los intelectuales liberales de la época, *Ludwig Von Mises* y *Friedrich Von Hayek*. Esos tiempos del Cardenismo de crecimiento con distribución, no fue bien vista por un grupo de empresarios que veían el papel tan activo que tenía el Estado en la economía del país, en contraposición a ese desarrollo.

Este enfoque liberal estuvo representado en México por Luis Montes de Oca y Miguel Palacios Macedo.

El talento intelectual de estos personajes se articuló con el pensamiento pragmático de hombres de empresa, dos de ellos fueron Raúl Bailleres y Aníbal de Iturbide.

En 1943, nos relata la maestra Romero, se publicó un artículo de la Escuela Austriaca llamado *"La intervención del Estado en la Actividad Económica"* y Montes de Oca y *Von Mises* se encontraron en Nueva York poco antes en el invierno de 1941.

El primero invitó a *Mises* a visitar a México para dar una serie de conferencias en la Universidad de México. Esa primera invitación no fue aceptada pero un año más tarde, durante un encuentro que tuvieron en Manhattan, Montes de Oca volvió a invitarlo a una estancia de dos meses y discutieron la posibilidad de traducir su libro *"Socialismo"* al español.

En plena Guerra, el 11 de Enero de 1942, *Von Mises* acompañado de su esposa *Margit* llegó a México, donde permaneció hasta el 25 de febrero de ese año.

Les recibieron un grupo de profesores universitarios y fueron hospedados en el hotel Ritz de la Ciudad de México dando inicio sus conferencias el 14 de Enero en la Escuela de Economía de la UNAM y en la Escuela Libre de Derecho.

Por las noches mantenía tertulias en casa de Luis Montes de Oca y en la Asociación de Banqueros de México, que presidia Raúl Bailleres, se dictaron dos conferencias, *"La banca y la política económica de nuestros días"* y *"La planeación y la banca."*

María Eugenia Romero nos recuerda una carta que le mandó *Von Mises* a su discípulo *Fiedrich Von Hayek* en la que le habla de la caracterización de la economía mexicana (pobre y sin industria), con una tierra de cultivo poco fértil.

También de la existencia de un proyecto industrializador impulsado por líderes sindicales e intelectuales a través de lo que él llama, "confiscación de capital."

También nos cuenta María Eugenia Romero, que a *Mises* le causó interés y le sorprendió el hecho de que existiera en México una elite que estaba en contra de esta política impulsada por el gobierno mexicano y que, a su vez, buscaba crear una corriente intelectual a favor de sus planteamientos.

Mises dejó México con la promesa de escribir un artículo para la revista *"Cuadernos americanos"* que llamó *"Ideas sobre la política de la posguerra"* y en el que entre lo más interesante que señala es:

"Es una política económica basada en la creencia de que se puede favorecer el bienestar de todos los súbditos de un país, o al menos de un grupo determinado, poniendo en práctica medidas que perjudiquen al extranjero.

Se cree que se presta un servicio al propio país dificultando o prohibiendo de un modo absoluto la importación de mercancías, extranjeras restringiendo la inmigración de extranjeros o expropiando, parcial o totalmente, el capital perteneciente a extranjeros.

No es éste el lugar apropiado para investigar si tales medidas son realmente idóneas para alcanzar el fin deseado. La teoría clásica del libre cambio ha dado ya la prueba irrefutable de que el resultado final de las restricciones impuestas al comercio exterior, no consiste sino en un descenso general de la productividad del trabajo y por tanto, del nivel de vida.

De ese modo, la producción deja de tener lugar en puntos en los que sería grande el rendimiento, para trasladarse a otros en los que, con el mismo esfuerzo de capital y trabajo, se obtienen rendimientos muy inferiores.

La clásica teoría del libre cambio de Hume, Smith y Ricardo, nunca ha podido ser refutada y todo cuanto en su contra ha sido objetado resultó posteriormente infundado.

Producir más de lo que se consume, esto es ahorrar y formar de este modo un nuevo capital.

Cuanto más se produce y cuanto más de lo producido se invierte y menos se consume, más pronto pasan los malos tiempos de la penuria de capital.

Todos los que aconsejan una solución diferente a la que acabo de exponer, se engañan a sí mismos o tratan de engañar a los otros. No hay procedimientos financieros mágicos para remediar la penuria de capital.

La expansión del crédito no puede aliviarla y mucho menos suprimirla.

Por el contrario, el boom artificialmente producido por la expansión del crédito, da lugar a un despiste y por tanto, a un despilfarro de capital, favoreciendo de un modo inmediato un súper consumo, esto es, una consunción de capital.

Los experimentos inflacionistas no harían sino empeorar el mal.

Lo que hace falta en este caso es precisamente una política monetaria y de crédito, que asegure la estabilidad del valor monetario."

Mises opina que los gobiernos debían abandonar sus políticas confiscatorias, *"tendrán que cambiar radicalmente su política de impuestos."*

Propone que, *"la parte del ingreso que no se consuma, sino que se ahorra e invierte, ha de quedar libre de todo impuesto ya que es asunto de interés público que se forme tanto capital nuevo como sea posible."*

En conclusión, señala la maestra María Refugio Romero, *"Von Mises propuso como política de reconstrucción de la segunda posguerra, acabar con el nacionalismo económico que implicaba una política proteccionista y una política impositiva que en su opinión no permitía el incremento del ahorro y la formación de capital. La reconstrucción económica, en su opinión, debía hacerse bajo la luz del paradigma del libre mercado."*

De esos tiempos y los cambios en los programas de los estudio de economía da cuenta *Sarah Babb*, profesora asistente de la Universidad de Massachusetts, quien en su libro *"Proyecto México. Los economistas del nacionalismo al neoliberalismo"* nos comenta que un paso importante en la ciencia económica de México fue la fundación de la Asociación

Cultural Mexicana en 1946 y posteriormente, Instituto Tecnológico de México (ITM).

Participaron en el programa de economía varios empresarios interesados en crear una alternativa a lo que ellos percibían como una inclinación izquierdista de la UNAM. En la fundación se incluía a siete de los principales bancos mexicanos, el banco central y varias empresas de Monterrey, incluidas la compañía cervecera Moctezuma y la Compañía Fundidora de Hierro y Acero de Monterrey.

Entre los ya mencionados Luis Montes de Oca, que fue Secretario de Hacienda y después Director del Banco de México, Raúl Bailleres y Aníbal de Iturbide, se encontraban Aarón Sáenz empresario azucarero y Miguel Palacios Macedo, que había dado clases de economía en la UNAM y que supuestamente la había abandonado por sus inclinaciones izquierdistas.

En esos años de una política económica basada en el Nacionalismo Revolucionario del General Lázaro Cárdenas existió una suspicacia marcada de toda una generación de empresarios que vieron con desconfianza las políticas implementadas y que encontraron en la educación una forma de que los nuevos emprendedores conocieran una visión económica basada en los mercados libres.

En esos tiempos, en la Escuela de Economía de la UNAM se pensaba que el estudio de la economía era para darle en todo momento un sentido social y de interés general y no aplicada a la empresa.

Mucho del debate político e ideológico de México encuentra su epicentro en la historia de la propiedad y en el rol que juega el Estado para acabar con las grandes desigualdades que han prevalecido en nuestra sociedad.

De lo que muchos emprendedores estamos seguros es de que nunca hemos tenido un modelo económico verdaderamente libre.

En el Orbe indiano se dieron los dos tipos de propiedad, la privada y la comunal y una filosofía del concepto del todo y la madre naturaleza, donde se entendía la creación como una totalidad.

Ya en la Colonia tuvimos un régimen imperial, centralista y patrimonial, para que después en la Independencia, toda nuestra historia posterior estuviera marcada por una entronización del Estado como el gran rector e interventor de la vida social y económica.

Nuestros más importantes pensadores liberales sucumbieron a la importancia del Estado para regular los supuestos excesos del mercado y la historia de la propiedad y el libre comercio ha estado plagada de una vinculación permanente a la moralidad.

Existieron años en que ser Empresario en México era sinónimo de avaricia, ambición y poder. Fue el villano favorito de la historia oficial.

Es lógico que el Estado juegue un papel importante para garantizar la legalidad y velar por que se respete la ley, dar seguridad jurídica y pública, pero nunca ha sido bueno para manejar dinero.

En algunos casos muy excepcionales y mientras se logra una pronta implementación de un modelo liberal en la economía, el Estado puede cubrir aquellos sectores que en su momento estaría en manos privadas. Incluso las alianzas entre particulares y Estado y entre trabajadores, como las cooperativas o la libertad de asociación, en el caso de los obreros, tienen que ser garantizados por el Estado pero evitando su intromisión.

Para evitar las desigualdades hay que recorrer los caminos del *filantrocapitalismo* y quitarle al Estado el monopolio de la solidaridad.

Muchos soñamos con una sociedad más igualitaria donde las oportunidades y la riqueza sean para todos y no solos para unos cuantos.

Ahora con la economía digital se pueden montar nuevos negocios y muchas de las nuevas empresas a nivel mundial han superado en su riqueza patrimonial a las compañías tradicionales.

Estamos siendo testigos del inicio del fin de los gigantismos económicos de los que tanto habló Don Gabriel Zaid en su famoso libro *"El progreso improductivo"* y México tiene que aprovechar esta transición de la vieja economía a la nueva.

Hoy Instagram, la compañía fotográfica más valiosa, no vende cámaras.

Uber, la compañía de taxis más grande del mundo, no posee vehículos.

Airbnb, la compañía de alojamiento más grande, no posee terrenos.

Facebook, el más grande influenciador mediático, no crea contenido.

Netflix, la red televisiva de más alto crecimiento, no utiliza cables.

Y Alibaba, el vendedor por mayoreo más valioso, no tiene inventario.

Si apostamos por la educación y la innovación tendremos la posibilidad de avanzar en la apasionante carrera de ganar mercados.

La tecnología y la construcción de redes es un camino para impulsar a las nuevas generaciones a que se animen a ser emprendedores y entonces tendremos a muchos jóvenes formando parte de los nuevos empresarios y como soñaron los liberales de la gloriosa generación de 1857, un país de pequeños propietarios y por qué no, grandes y mejor aún que sean millones.

Libertarismo En Una Lección

"Vamos a contar dinero en lugar de contar historias"

Luis Enrique Uribe Ortiz

"Gravar con impuestos los beneficios del trabajo es lo mismo que el trabajo forzado"

Robert Nozick

"Todas las Revoluciones modernas terminaron robusteciendo al Estado"

Albert Camus

Hablar de libertarismo es hablar de libertad a secas, sin adjetivos, tal y como ha afirmado de forma reiterada Enrique Krauze, y con las bondades que conlleva tanto en el plano personal y también como país.

Hablar de que el neoliberalismo es el causante de todos nuestros males es desatinado y carente de sustento con la realidad.

En noviembre del 2009, la Fundación Progreso y Democracia organizó en la Sala Valle Inclán del Circulo de Bellas de Madrid una mesa redonda titulada *"El pensamiento liberal en la actualidad"* con la participación de Mario Vargas Llosa, Irene Lozano, Fernando Savater y José Varela y bajo la moderación de Fernando Maura.

En esa ocasión Vargas Llosa afirmó:

"Creo que neoliberalismo no tiene un contenido semántico, sino que es una fórmula fundamentalmente denigratoria.

Se utiliza como una etiqueta para caricaturizar el liberalismo y hacerlo responsable de todas las calamidades humanas. A nadie se le dice neoliberal para definir un sistema de pensamiento, de valores, de convicciones políticas...

No. Neoliberal automáticamente es algo que se asocia con el explotador, el defensor de instituciones anacrónicas e injustas.

El neoliberal es el que tiene una visión fundamentalista del mercado, alguien que en última instancia defiende el sistema de explotación, de abuso y de expropiación del trabajo.

La noción misma de neoliberal hay que rechazarla, porque carece de significación y es una especie de conjuro antes que una idea. Hay gente que es liberal y gente que no lo es, pero yo no he conocido nunca a un neoliberal."

Detrás de estas palabras hay prejuicios profundos y un odio a lo que el liberalismo representa.

Entre las conclusiones de la mesa se sostuvo que los liberales son un espectro más amplio de matices muy diversos y a veces distanciados y contrapuestos.

Entonces, ¿qué es el liberalismo?

Es un cuerpo de ideas, una doctrina de la que se parte de convicciones básicas que tienen que ver fundamentalmente con la libertad.

La idea de que la libertad es el bien más preciado desde el punto de vista individual y social y de que la presencia de la operatividad de la libertad, entendida de una manera inequívoca como totalidad en el campo político, en el campo económico, en el campo cultural y en el campo individual, es lo que contribuye más que a atajar la violencia a establecer coexistencia social y atraer prosperidad.

Esas son unas ideas muy elementales que son el denominador común entre los liberales. A partir de ahí, lo que hay son diferencias enormes diferencias.

Y es que si partimos de que el individuo o la persona son la más preciada y respetada de las minorías, podemos asegurar que existirán entre los liberales enormes discrepancias porque cada individuo, por más vida que lleve en comunidad, siempre tendrá ideas propias.

Bien lo afirmó ese gran viejo liberal, José Ortega y Gasset, *"yo soy yo y mis circunstancias y si no las salvo a ellas, no me salvo yo."*

Es por eso que la libertad nunca ha estado ausente del discurso político, tanto de la izquierda como de la derecha. Casi cualquier ideología política, ya sea progresista, socialdemócrata, demócrata cristiana, humanista, ciudadana, revolucionaria, socialista o capitalista, tiene como elemento último y necesario la libertad.

Por eso, en la oscuridad del lenguaje se pierde el sentido de mundo. La significación y sus símbolos se pierden en la neblina del exceso del lenguaje y su dignidad.

Cuando hablo de "zonas libertarias" me refiero al compromiso que tenemos de implementar, en todo tiempo y lugar, los beneficios de la libertad traducidos en leyes, políticas públicas, empresa, alianzas estratégicas, colaboración y asociación.

Y es que el único sistema económico que permite la libre colaboración de sus miembros es el liberalismo.

Las cooperativas, sindicatos, fusiones, asociación pública y privada, incluso en sistemas de empresas públicas que cotizan en bolsa de valores, se llevan a cabo en plena libertad.

A diferencia de modelos socialistas que buscan la planificación, regulación y control de la vida económica, la economía de libre mercado ha demostrado a través de la historia que es la única que genera crecimiento y erradica la pobreza.

Y es que por más que se hable de programas asistencialistas, lo único que puede ir eliminando la pobreza es la inversión y el empleo. Esto es, que en todo país donde exista crecimiento habrá una reducción de la pobreza.

En el libro *"En busca del crecimiento"* de *William Easterly*, queda demostrado a través de un estudio llevado a cabo por el Banco Mundial donde *Martin Ravallion* y *Shaohau Chen*, colegas suyos, consiguieron datos sobre cada periodo donde hubo crecimiento económico y cambios en la pobreza durante el intervalo comprendido entre los años 1981 y 1999.

Sus datos provienen de encuestas nacionales de ingresos y gastos familiares. Obtuvieron así 154 periodos de cambio en 65 países de desarrollo.

Ravallion y *Chen* definen pobreza en términos absolutos para cada país, como la proporción de personas que tienen un ingreso de menos de un dólar por día al comienzo de cada periodo que se analiza.

"El umbral de pobreza se mantiene fijo", señala *Easterly* a lo largo del análisis y la pregunta que se hace es, *"¿en qué medida el crecimiento económico cambió la proporción de gente bajo el umbral de pobreza?"*

Su respuesta es muy clara, *"el crecimiento rápido iba a la par con una rápida reducción de la pobreza."*

Otro de los mitos que se rompió con el estudio es que el crecimiento de la economía trae aparejada la desigualdad social.

Para que la pobreza se agravase con el crecimiento económico, la distribución del ingreso tendría que hacerse más desigual al aumentar la renta. No existen evidencias de que deterioros en la desigualdad del ingreso ocurran al aumentar la renta media.

En las cifras de *Ravallion* y *Chen*, los índices de desigualdad no muestran ninguna tendencia, ya sea de deterioro o de mejoramiento, con el crecimiento económico.

Si el nivel de desigualdad se mantiene aproximadamente igual, el ingreso de los pobres y el de los ricos sube o baja simultáneamente. Por lo que concluye la investigación afirmando que un aumento del 1% en el ingreso medio de la población, se traduce en un aumento del 1% en el ingreso del quintil más pobre y que el 1% en el ingreso *per cápita* trae consigo un aumento del 1% en el ingreso de los pobres.

Hay dos maneras de que los pobres puedan mejorar su situación: se puede redistribuir el ingreso de los ricos hacia los pobres o se puede, con el crecimiento económico, aumentar tanto el ingreso de los pobres como el de los ricos.

En la actualidad, ya entrado el siglo XXI, la situación no ha variado en cuanto a la relación de crecimiento y reducción de la pobreza.

En una conferencia de 2015 en el programa *"La Tuerka"* el joven liberal español Juan Ramón Rallo afirmó que en los últimos 30 años es donde más se ha extendido el libre comercio y es donde más se ha reducido la pobreza y apoyó la libre circulación de mercancías, capitales y personas, porque todo eso es beneficioso y no encerrarse en sí mismos.

Desde 2005 hemos visto una disminución de la desigualdad a escala global, aunque la desigualdad por país se mantiene o aumenta. Pero como los pobres son ahora menos pobres que antes, la desigualdad a escala global se ha reducido.

En 1985 por ejemplo existía un 85% de pobreza en China y hoy en 2016 solo existe un 15%. Una disminución importante en 30 años.

Coincido con *Jacques Rogozinski* cuando señala en su libro *"Mitos y mentadas de la economía mexicana",* que la economía no es una ciencia exacta sino una disciplina epidérmica donde se tienen que tomar en cuenta muchas variables como la cultura, geografía, historia, educación y valores.

Lo que tenemos que puntualizar para motivos del presente ensayo es hasta dónde es importante o no la intervención del Estado para la activación o el crecimiento económico de una nación y aunque en momentos de crisis el Estado ha jugado un rol importante, sigo en la convicción de aplicar lo que he llamado "zonas libertarias", esto es, abrir los márgenes de libertad y mantener a raya la intervención Estatal.

Hablamos de que la visión de nuestros liberales de 1857 era crear una nación de pequeños propietarios. De que era importante dejar atrás la concentración de la riqueza que durante años había quedado en manos de la Iglesia y de unos pocos particulares, ¿es indispensable entonces el Estado para el desarrollo de las naciones?

Lo es, pero no como lo quieren sostener los defensores de los Estados intervencionistas y de economías planificadas.

El Estado tiene como esfera de competencia primordial el garantizar el cumplimiento de la ley para dar seguridad jurídica a la integridad de las personas, la propiedad, libertad y la vida, derechos naturales de las personas que van acordes a una ley natural fundamental.

Hay que ir gradualmente quitándole atribuciones económicas al Estado para dar paso a una mayor competencia y mejores emprendimientos, un rol importante que están teniendo en estos momentos los inversionistas privados en tecnología digital, financiando proyectos y creando una economía digital que cada día gana más terreno. Ya se habla de proyectos de las principales plataformas y compañías para crear un Internet gratuito.

La innovación y las tendencias científicas permitirán acortar las brechas entre ricos y pobres y el comercio electrónico ha crecido de manera exponencial rebasando a las inversiones bursátiles, las cuales ya puedes realizar incluso en línea.

Anteriormente tenías que acudir a un banco como intermediario financiero y ahora, a través de plataformas tecnológicas, puedes acceder a las bolsas del mundo desde tu ordenador personal.

Ya es posible, a través de la innovación, implementar una economía de la colaboración.

Los nuevos modelos de negocios digitales están desplazando de manera muy rápida a los negocios tradicionales. El crear redes de comunidades que sean co-creadoras de bienes y servicios acorta la brecha para poder crecer y generar empleo.

Hoy tenemos los mecanismos digitales para construir un capitalismo solidario que nos permita ser parte de las nuevas comunidades de emprendedores. El marketing y la publicidad ahora tienen maneras muy directas de conocer la opinión de los clientes para saber cómo mejorar sus productos.

Se tiene un volumen mayor de clientes que permite ofrecer los servicios no solo en una localidad sino a escala geográfica mayor y la base de datos con que contamos, nos permite conocer los gustos y preferencias de nuestros potenciales clientes, además de desplazar a los viejos sistemas de estudio de mercado.

El rostro del viejo capitalismo y de los gigantismos industriales ha dado paso a un capitalismo que vuelve a poner en el centro a la persona.

Estamos viendo la transformación de los fenómenos económicos de los números, en la dignidad de las personas, sus gustos y sus preferencias.

Ahora es posible jugar en equipo y desear que toda una comunidad avance, ya que la retroalimentación nos permite que las empresas avancen mucho más rápido en su crecimiento.

Las nuevas plataformas ahora crean esas redes de colaboración y ayuda mutua, en las que el hombre vuelve a ser el centro de la vida social y damos paso al gobierno de los bienes comunes.

Se ha achacado durante mucho tiempo al capitalismo, que fuese el causante de las grandes crisis financieras del mundo, desde la del famoso *"Crack"* de 1929 hasta la de 2008. Un mito construido desde una visión frívola.

La gran mayoría de las crisis económicas que han existido han sido producto precisamente de la intervención del Estado y no de su prudencia en el tema de la Banca por ejemplo, que es por demás, importante para el crecimiento de un emprendedor.

Para crear bienestar es fundamental permitir el acceso al crédito de manera realista y no artificiosa y creando inflación o burbujas financieras.

Se dice que en la historia económica la mayoría de los textos nos han dicho que el comercio comenzó con el trueque cuando en realidad lo hizo con el Crédito.

Y en realidad suena más lógico que alguien que quería un bien que poseía otro, lo obtuviera en base al crédito, que en ese momento se basaba en ofrecer algo a cambio que no requería la otra persona.

Por lo tanto, el primer paso para un modelo económico de desarrollo es la transformación de nuestra banca mexicana.

Ya Jesús Huerta de Soto de la Escuela Austriaca de Economía lo mencionaba en su libro *"Dinero, Crédito Bancario y Ciclos Económicos"*:

"El análisis económico más riguroso y la interpretación más fría y ponderada de los acontecimientos del 2008 y la crisis financiera internacional, refuerzan la conclusión de que, al igual que sucedió en los fracasados intentos de planificar desde arriba la extinta Unión Soviética, es imposible que los Bancos Centrales (verdaderos órganos de planificación central financiera) sean capaces de acertar en la política monetaria más conveniente para cada momento."

Su propuesta libertaria para la banca moderna está basada en tres principios:

Restablecimiento de un coeficiente de caja del 100% en todos los depósitos bancarios a la vista y equivalentes.

Eliminación de los bancos centrales como prestamistas de última instancia (innecesarios si se aplica el principio anterior y perjudiciales si siguen actuando como órganos de planificación central financiera).

Privatización del actual dinero monopolista y estatal de tipo fiduciario y sustitución de un patrón oro clásico.

Todo un debate sobre una nueva banca, no solo nacional sino con alcances internacionales, que en estos tiempos de tanta información comienza a ser interesante para el nuevo diseño financiero internacional, porque lo que hasta ahora hemos tenido nos ha llevado a crisis recurrentes y burbujas que ponen en jaque nuestras economías domésticas.

En su clásico libro *"La libertad de elegir"*, *Milton Friedman* aborda también el tema bancario cuando señala que a raíz de la crisis de insolvencia el lunes 21 de octubre de 1907 de la *Knickerbocker Trust Company*, el tercer banco de depósitos más importante de la ciudad de Nueva York, empezó a tener dificultades financieras que se propagaron a otros bancos ya que de pronto miles de clientes hicieron cola para retirar sus depósitos.

Los bancos acordaron una restricción de pagos lo que provocó escasez de billetes y moneda y la circulación privada de monedas de cinco centavos de madera y de otros sustitutos temporales de la moneda legal.

Sin embargo, la fase de la recesión duró poco. Los bancos empezaron a pagar otra vez a principios de 1908.

Unos meses más tarde comenzó la recuperación económica. La recesión duró solo trece meses y el momento más grave, únicamente la mitad.

Pero fue precisamente esta crisis, lo que creó la oportunidad de que se aprobara la *Federal Reserve Act* (Ley de la Reserva

Federal) y a partir de ese momento, la clara intervención del Estado en el campo financiero y monetario.

Y es que todo radica en ese término de "deposito" al que *Friedman* llama engañoso.

Se supone que todos los bancos tienen una reserva de dinero en sus cámaras y prestan el resto cargando un interés al prestatario o lo utiliza en la compra de valores que le signifiquen una ganancia.

Disponemos entonces de un "sistema bancario de reserva fraccionada".

Este sistema funciona cuando todo el mundo convierte sus depósitos en efectivo cuando lo necesita.

Pero, ¿qué pasa cuando de pronto todos quieren su dinero?

Aquí es donde el sistema colapsa.

Existen dos soluciones, una es la utilizada en 1907, una restricción concertada por parte de los bancos que actuaban mediante apuntes contables. Es decir, aceptaban los talones extendidos por un impositor suyo a favor de otro, reduciendo el monto de los depósitos contabilizados a favor de uno y aumentando los depósitos de otro.

Todo esto se hacía con normalidad a través de "una cámara de compensación" que equilibraba dichas transacciones.

Y está el otro método. Y aquí es donde nuestro Nobel hace énfasis en la intervención de la política en la vida económica ya que se permitía a los bancos solventes convirtieran sus activos con rapidez en efectivo, no a expensas de otros bancos, sino a través de disponibilidad de efectivo adicional que no es otra cosa que la impresión de moneda de emergencia.

Ese era el camino propuesto por la Ley de la Reserva Federal. Por lo que los bancos, a partir de ahí, se vieron en la comodidad de prestar servicios sin importar la capacidad de los clientes para pagar sus deudas, ya que al final del día los Bancos Centrales resuelven el problema imprimiendo más billetes.

La anécdota histórica sobre el *"Crack"* de 1929 de *Milton Friedman* es interesante aunque siempre fue criticado, y creo que con justa razón, por varios miembros de la Escuela Austriaca porque simpatizaba con el dinero fiduciario y fue constante en su deseo del alejamiento del patrón oro, que es lo que le daba respaldo a una moneda.

Sin embargo, considero que su versión de lo que pasó con el primer colapso financiero de la historia moderna es de las más importantes del tema bancario.

Conocer los debates de las dos escuelas de economía, las que muchos consideran las dos representantes más claras del liberalismo económico, la de Chicago liderada por *Friedman* y la Austriaca con *Von Mises* es un buen ejercicio intelectual, sobre todo porque se ha insistido hasta la terquedad en que *Milton Friedman* y sus *Chicago Boys* son los que más han influido en las políticas neoliberales de México en los últimos 30 años, olvidando que el propio Nobel fue duramente criticado y señalado por los representantes de la Escuela Austriaca (esta sí, con una clara postura liberal) como socialista.

Recomiendo para el tema leer el artículo del talentoso economista español Juan Ramón Rallo *"Por qué llamaron tantas veces socialista a Milton Friedman"* aparecido en la revista *Libertad Digital* el 20 de noviembre de 2007.

Uno de los datos que nos recuerda es el referente a que *Friedman* estaba de acuerdo en que los gobiernos tuvieran la facultad de envilecer tanto como quisieran su moneda al no estar ligada a estándar alguno. A partir de ahí se ha extendido la idea errónea de que los tipos de cambio flexibles son una medida más propia de los libres mercados que de los fijos, más parecidos a los intervencionistas controles de precio.

Y remata recordando un ejemplo de *Richard Salsman, "eso es como afirmar que un sistema de pesos y medidas fijos (100 centímetros = 1 metro) es estatista y uno de pesos y medidas variables (ahora 100 centímetros = 1 metro y dentro de un minuto 100 centímetros = 2 metros) propio del libre mercado."*

Esto nos recuerda a una iniciativa que apoyaremos en nuestro *"Manifiesto Libertario"* y que ha sido una lucha durante años de Don Hugo Salinas Pierce respecto a adoptar la plata como bien de soporte para nuestra moneda y la de Latinoamérica.

En una entrevista que ofreció al talentoso periodista de Forbes México, Guillermo Barba, llamada *"Todo en nuestro mundo moderno es una mentira"* Don Hugo comentó:

"Mi propuesta era y es, dar un valor monetario en divisa local a una moneda de plata que no tenga un valor grabado en su cara.

El valor monetario, más alto que el valor de la plata contenida en la moneda, podría ser establecido idealmente por el Tesoro.

Si el precio de la plata sube, esa cotización podría ser incrementada para dar a la moneda de plata un valor monetario más alto (podría subir tanto porque el precio de la plata en dólares ascendió o porque la divisa local se devaluó), pero bajo ninguna circunstancia el valor monetario, una vez establecido, puede ser reducido jamás.

Si el valor de la plata en la moneda cae, el valor monetario sigue siendo el mismo."

Don Hugo Salinas hace referencia al tema del control que ejercen los bancos centrales en los respectivos países conformando una fraternidad junto con la Reserva Federal de los Estados Unidos, el Fondo Monetario Internacional y el Banco de Pagos Internacionales.

Como consecuencia de esta cruzada de años de trabajo de Don Hugo, un grupo de legisladores presentaron en el año 2003 una iniciativa para poner en circulación la moneda de plata para que circule de manera paralela a la moneda fiduciaria.

Existe un documento que circula en la Red que se llama *"Moneda de Plata para México. La Técnica para introducirla en circulación en América Latina."*

El documento está suscrito por los Diputados Rafael Candelas Salinas del PRD, Benito Chávez Montenegro del PRI y Fernando Guzmán Pérez Peláez del PAN.

Entre las consideraciones están:

Es conveniente, para favorecer el ahorro popular, introducir una moneda de valor intrínseco. Pero consideramos que debe de introducirse a la circulación solo una moneda de plata con equivalencia oficial en pesos, no varias e indefinidas, para evitar que se dé lugar a la confusión por parte del público o que se dificulte el manejo de la política monetaria por parte del Banco de México.

Coincidimos que debe de ser una moneda de valor nominal, porque ya en el pasado se ha intentado incorporar moneda de plata dentro del sistema fiduciario y todas han tenido que salir de circulación cuando éstas llegaron al "punto de fusión", es decir, cuando el valor intrínseco de la plata en las monedas superó el valor nominal gravado en las mismas. El destino de estas monedas ha sido siempre la fundición o la colección numismática y el Banco de México se ha visto en la necesidad de suspender su acuñación.

La *onza troy* constituye la unidad básica de valoración de metales finos a nivel internacional, por lo cual, utilizar esa unidad simplificaría al Banco de México el proceso para calcular su valor de equivalencia.

Se propone que la moneda a utilizar sea la actual onza de plata "Libertad", por ser ésta una moneda creada a iniciativa del propio Banco de México bajo las especificaciones técnicas determinadas por la Casa de Moneda y la cual ya cuenta con el estatus de moneda de curso legal de acuerdo a la ley monetaria vigente. Si bien esta onza actualmente no circula como dinero, tanto el público como la banca comercial están suficientemente familiarizados con su manejo. Desde 1982 la onza "Libertad" es una moneda ampliamente conocida, tanto en el país como en algunos círculos extranjeros, lo que facilita el proceso de introducción como dinero.

Para lograr la integración de una moneda dentro de un sistema monetario es enteramente indispensable tomar elementos de los dos sistemas, el sistema fiduciario y el mercado internacional de metales preciosos, con una cotización extrínseca que pueda recorrerse al alza si sube el precio de la plata y manteniendo la última cotización a pesar de que el precio intrínseco baje. Solo así, esta moneda no saldrá de circulación y solo así, el público perderá el temor de adquirir una moneda que el día de mañana pueda valer menos. Sin estos elementos esenciales no es posible convertir la plata en dinero y seguiría siendo indefinidamente una mercancía.

Por lo mismo proponemos que a la onza "Libertad" se le añada un señoreaje a favor del Banco de México no mayor al 10% y ajustado al múltiplo superior de cinco pesos y una vez determinada su equivalencia, la siguiente no pueda reducirse a ningún caso. Esta disposición tendrá el efecto de proteger a los ahorradores y al mismo Banco de México de movimientos especulativos y fluctuaciones en el precio de la plata.

En el caso de la onza de plata "Libertad", que no tiene valor nominal grabado, es indispensable que la legislación haga explícito lo que siempre ha sido implícito para las monedas, que el valor del curso legal del dinero no puede disminuirse. Gracias a esta sanción la onza seguirá siendo dinero, aunque pueda bajar en un momento determinado el valor del material de que está formada.

Lo anterior constituye un avance técnico en materia monetaria, ya que desde el régimen de solo papel impuesto en 1971 y contra los acuerdos de *Bretton Woods*, hemos asistido a diversos adelantos en cuanto a técnicas cada vez más veloces de trasmisión de la propiedad en saldos monetarios quedando rezagada la técnica aplicada a la creación de unidades monetarias de valor intrínseco. Por ello, la implementación de esta medida acarreará para México un gran prestigio internacional.

La historia nos enseña que la baja transitoria en el precio de la plata no afecta a la moneda dotada de componente fiduciario. El ejemplo más elocuente es el del peso de plata (0,720). Durante el tiempo que se acuñaron 458 millones de esas monedas desde 1920 hasta 1945, el precio de la plata fluctuó notablemente (cuando se creó el Banco de México en 1925, el precio de la *onza troy* era de 69,1 centavos de dólar y llegó a caer hasta 25,4 centavos de dólar en 1932). Jamás en esos 20 años, nadie regresó al Banco de México un solo peso 0,720 a consecuencia de una baja en el valor de la plata que contenía. El público confiaba que en su valor de $1 peso otorgado por el Banco de México y era independiente del valor del metal que contenía.

La moneda de plata incorporada a nuestro sistema fiduciario con esta nueva técnica monetaria, cumplirá con la función social de ser medio para almacenar el ahorro fruto del ahorro personal. En este sentido, los mexicanos contarán con un instrumento que les permitirá conservar el poder adquisitivo de su ahorro, incluso en condiciones de inestabilidad extrema. Cuando la moneda de plata deje de ser mercancía y se convierta en verdadero dinero, no existirá el margen de recompra garantizando así que las monedas sean colocadas y recibidas al valor oficial y no al que cada banco comercial o cada agente económico determine arbitrariamente.

Esta alternativa será especialmente útil para el sector mayoritario de la población que no tiene acceso al sistema bancario comercial y cuyos ahorros en efectivo, mucho más esforzados que las ganancias de los pudientes, pierden valor frente a la inflación.

Para evitar que movimientos especulativos obliguen al Banco de México a cotizar elevadamente la onza de plata, se incluye una disposición de excepción que permita al Banco mantener la última cotización por tiempo indefinido, hasta que se compruebe que los precios de la plata vuelven a ser de mercado.

Un documento que vale la pena leer completo y que contiene la iniciativa de Decreto presentada a la Cámara de Diputados, aparte de la brillante participación de los Diputados en las mesas de trabajo y de Hugo Salinas Pierce, en su calidad de Presidente de la Asociación Mexicana Pro Plata y presidente honorario del Grupo Elektra ante el *Gold Anti- Trust Action Comité* (GATA) una conferencia internacional que estudia la manipulación de los mercados de metales preciosos y donde recibió el total apoyo para reintroducir la moneda de plata a la circulación monetaria en México.

El tema de las Bancas centrales ha sido tema recurrente de *Edward Griffin*, autor y productor de cine y comentarista, quien escribió un libro titulado *"La Criatura de la Isla de*

Jekyll" donde aborda una de las historias más detalladas sobre la creación del Sistema de la Reserva Federal.

El título de la obra se refiere a una reunión en noviembre de 1910 en la Isla de Jekyll, situada en la costa de Georgia (Estados Unidos), de seis banqueros y políticos que representaban una sección importante de la élite norteamericana de la época.

Esa reunión fue descrita por *B.C Forbes*, el fundador de la revista Forbes, en 1916 y recordada por uno de los presentes, *Frank Vanderlip*, como el origen de *"la concepción de lo que eventualmente llegó a ser el Sistema de Reserva Federal."*

Griffin asegura que otro participante, *Paul Warburg*, describió la reunión como *"esa interesante conferencia en relación a la cual el senador Nelson Aldrich comprometió a todos los participantes a guardar secreto."*

La obra de *Griffin* se basa en un argumento que *Marriner Eccles*, el entonces director del *Fed*, hizo en su testimonio al Congreso de EEUU en 1941:

"Si no hubiera deudas en nuestro sistema monetario, no habría dinero."

Griffin asegura, *"Si todos pagaran todo lo tomado en préstamo, no habría dinero en existencia."*

Griffin alega contra el dinero fiduciario, que él considera basado en la deuda, afirmando que devora la prosperidad a través de la inflación y que perpetúa guerras.

Además, *Griffin* denuncia un entramado de "banqueros centrales" que financian a ambos lados en las guerras o revoluciones.

Y nuestro amado México no es la excepción.

En su libro *"El Banco de México, el enemigo en casa"* el economista Jorge Franco aborda de frente cómo el Banco de México ha sido el causante de muchas de nuestras crisis por pagar altas ganancias a los capitales financieros, sobrevaluar el peso, combatir la producción nacional y abaratar las importaciones, lo que derivó en el llamado *FOBAPROA* donde se tuvo que dar viabilidad financiera a nuestro sistema bancario convirtiendo en deuda pública los pasivos existentes.

Es tal la desconfianza en la moneda emitida por un Banco Central, que ya tenemos en Internet las famosas "monedas virtuales" que llegaron para quedarse. La más popular es el Bitcoin.

El Bitcoin es una moneda, como el euro o el dólar estadounidense, que sirve para intercambiar bienes y servicios. Sin embargo, a diferencia de otras monedas, el Bitcoin es una divisa electrónica que presenta novedosas características y destaca por su eficiencia, seguridad y facilidad de intercambio.

Su mayor diferencia frente al resto de monedas, es que se trata de una moneda descentralizada, por lo que nadie la controla.

El Bitcoin no tiene un emisor central, como los dólares o los euros, la criptomoneda es producida por las personas y empresas de alrededor del mundo dedicando gran cantidad de recursos a la minería.

Veamos algunas características de introducción al Bitcoin:

No pertenece a ningún Estado o país y puede usarse en todo el mundo por igual.

Puedes cambiar Bitcoins a euros u otras divisas y viceversa, como cualquier moneda.

No hay intermediarios. Las transacciones se hacen directamente de persona a persona.

Está descentralizada. No es controlada por ningún Estado, banco, institución financiera o empresa.

Es imposible su falsificación o duplicación gracias a un sofisticado sistema criptográfico.

Las transacciones son irreversibles.

No es necesario revelar tu identidad al hacer negocios y preserva tu privacidad.

El dinero te pertenece al 100% y no puede ser intervenido por nadie, ni las cuentas pueden ser congeladas.

La historia oficial del Bitcoin dice que fue creada en 2009 por un tal *Satoshi Nakamoto* y no se sabe si el nombre ficticio responde a una persona o a un grupo.

Era, en teoría, una moneda virtual más de las muchas que circulan y han circulado por Internet, algo tan común como los trueques o las monedas comerciales que se implantan en algunas ciudades, los cupones o las mismas monedas virtuales de juegos como *Second Life* o *World Of Warcraft*.

Actualmente circulan por la red unas 200 monedas virtuales (litecoin, namecoin…)

El Bitcoin acapara el 90% de las transacciones con monedas virtuales, con una capitalización superior a los 6.200 millones de euros.

El problema es que se ha extendido por todo el mundo virtual, pero también por el mundo físico. Existen cajeros automáticos que cambian dólares o euros por Bitcoins y cadenas como *Starbucks* comienzan a aceptar esta moneda como pago.

Su expansión es tal, que ha alertado a los bancos centrales mundiales, desde el Europeo hasta la Reserva Federal de los Estados Unidos pasando por los Bancos de China y Rusia.

En la mayoría de los países el Bitcoin opera dentro de la legalidad, aunque en Rusia y China está absolutamente prohibida. Aun así, el Bitcoin es una moneda refugio en aquellos países con crisis monetaria o amenazas de inestabilidad en su política monetaria.

Las monedas virtuales nacieron para quedarse les guste o no a los adoradores del Estado.

La fortaleza de una economía está en la posibilidad del acceso al crédito por parte del empresario y sobre todo por los pequeños y medianos. Y lo que hoy tenemos es una Banca Mexicana en un 80% en manos de extranjeros cobrando enormes comisiones en servicios que afectan de manera directa a los bolsillos de los emprendedores.

Todo esto, a partir de la crisis de 1995.

Fausto Hernández Trillo y Alejandro Villagómez Amezcua tocan el tema en profundidad en el libro *"El enigmático sistema bancario mexicano contemporáneo"* publicado por el Centro de Estudios Espinoza Yglesias.

Los indicadores sugieren que México se encuentra rezagado en la materia.

A día de hoy, señalan los autores, existe un consenso para explicar esto de manera satisfactoria y dentro de las principales hipótesis que se han anotado en la literatura se encuentran las siguientes:

El sistema bancario enfrenta una débil competencia que no ha permitido que los márgenes de intermediación se reduzca para fomentar el crédito y con ello el crecimiento del país.

La banca en México arroja niveles de eficacia bajos, sobre todo cuando se compara con los estándares internacionales y se controla o se ajusta a cada país por factores idiosincráticos.

Una pobre protección de derechos de propiedad que inhibe la toma de riesgos por parte del sector financiero, lo que ocasiona altas primas de riesgo.

Un bajo acceso y cultura financieros que dificultan el desarrollo de la banca.

Una fuerte penetración de la banca extranjera en la que se argumenta que otorga crédito solamente a empresas grandes y olvida a las pequeñas y medianas.

La excepción a este sistema carente de opciones es *NAFINSA*, nuestra Banca de Desarrollo, la cual ha incrementado los trajes a la medida a todos los emprendedores a la vez que a los ya empresarios exitosos.

Con una visión de generación de activos, se han incentivado las líneas de crédito a través de programas para nuevos emprendedores, crédito a la mujer, crédito joven... Con saldos de 320 mil millones de pesos.

Una de las principales carteras que existen son las garantías que se otorgan a la Banca comercial para que esta tenga mayor apetito de prestar a las PYMES. Las garantías pueden ir del 50% al 100% (esta última, por ejemplo, al crédito joven) ya que estos, cuando llegaban a pedir un préstamo, no tenían garantías reales cuando los bancos les pedían garantías o su historial crediticio, lo que creaba un círculo vicioso ya que si no les daban crédito no podían crear un historial crediticio y si no tenían este y además no tenían garantía, la banca no generaba el crédito, con préstamos desde 50 mil hasta 150 mil pesos.

Existen también las llamadas cadenas productivas, donde se apoya a las empresas para que puedan cobrar más rápidamente.

Es un programa integral para el desarrollo de proveedores de grandes empresas o dependencias públicas, a través del cual obtienen liquidez sobre sus cuentas por cobrar al contar con la posibilidad de operarlos en facturación sin necesidad de esperar a la fecha para el cobro de las mismas.

Hay intereses por debajo del 10% lo que significa un interés accesible para los emprendedores.

Existe la posibilidad al corto plazo de crear un bono verde para apoyar a las energías renovables. Y lo interesante es que sería el primer bono verde en el país y el regreso de *Nacional Financiera* a los mercados internacionales de capital.

El monto de la colocación estará alrededor de 250 a 500 millones de dólares. Tanto el Banco de Avío, en el siglo XIX, como *NAFINSA* son instituciones que deben de tomarse en cuenta como parte de la función fraternal del Estado para el apoyo de la pequeña y mediana empresa, donde radica el 95% del empleo.

En nuestro "Manifiesto Libertario" proponemos que exista la posibilidad de ampliar las opciones para poder tener acceso al crédito y existan mucho más compañías privadas que tengan planes atractivos para todo emprendedor

La creación de bancos regionales llevados a cabo por la iniciativa privada apoyaría el problema de fondo. Las instituciones bancarias y de crédito tienen que tener como accionistas mayoritarios a inversionistas mexicanos.

Conozco cantidad de pequeños o medianos inversionistas que tienen el deseo de convertirse en banqueros. No se requieren grandes montos de dinero para crear un banco y esto lograría una mayor competencia lo que haría posible abaratar los servicios que hoy están por las nubes.

Un banquero español dijo en una entrevista para la revista británica *The Economist* que México era uno de los países donde se podían cobrar las tarifas más caras por servicio del mundo, lo que nos habla de una nueva forma de colonización por parte de España, pero ahora financiera.

Es tiempo de que se flexibilicen los requisitos necesarios para que los particulares puedan abrir un Banco.

En nuestro "Manifiesto libertario" proponemos que se vuelvan flexibles los requisitos para poner bancos regionales y que se pueda satisfacer la demanda de los emprendedores para tener acceso al crédito.

Hay una cantidad importante de inversionistas que tienen la aspiración de ser banqueros y sin embargo, los obstáculos que se encuentran son muchos.

La Banca en manos de extranjeros nos roba soberanía e impide que los mexicanos tengamos oportunidades de emprender y tener un crecimiento sostenido.

Ya está rebasado por mucho nuestro sistema bancario porque la banca tradicional ya no ofrece servicios justos y trasparentes y se ha convertido en un gigantismo económico que medra con la necesidad de los clientes.

En México hemos tenido una historia con muchos laberintos y oscuridades en el tema de la banca, por ejemplo, cuando fue nacionalizada por parte del gobierno como una medida desesperada ante la caída del precio del petróleo y nos encontramos con que, una vez llevada a cabo su reprivatización y luego en el gobierno de Ernesto Zedillo su extranjerización, hemos ido de mal en peor: intereses altísimos, multas por pagos adelantados a hipotecas y la intentona permanente de tener a los tarjetahabientes secuestrados.

Gracias a estos sistemas, el capitalismo pierde su sentido humano y lleva a sus críticos hablar de abusos y excesos.

Los mercados no son perfectos pero son los únicos que han logrado generar riqueza y a pesar de estar en constante lucha contra la intervención Estatal o el deseo de los gigantes económicos por manipularlos, siempre logran encontrar sus zonas libertarias.

Y es que, como señalé en las primeras líneas del libro, vivimos en la época de la creatividad y por tanto, de la innovación.

Bangladesh fue la cuna del nacimiento de uno de los bancos que más beneficios ha ofrecido a las personas, (lo que le dio a su creador *Muhammad Yanus* la distinción de ganar el Premio Nobel de la Paz) en el que a través de un aval social donde un grupo de personas pedían un préstamo que se volvía un compromiso colectivo era posible prestar microcréditos con garantía de pago.

Como explica *David Bornstein* en el libro *"El precio de un Sueño"*, *"Hacer del grupo una unidad que se controle a sí misma, en la que cada miembro comparta la responsabilidad de los préstamos de todos en el grupo."*

"Una de las fuerzas más arraigadas en los pueblos bangladesíes es la presión social, ¿por qué no hacer uso de ella?", se pregunta *Bornstein*.

Una manera de aplicarla sería escalonar las devoluciones de los préstamos en grupo, es decir, dos al mismo tiempo. De este modo, si los primeros dos receptores del préstamo no consiguieran pagar sus plazos a tiempo, los próximos dos no recibirían los siguientes préstamos y así sucesivamente.

El objetivo del Proyecto del *Grameen Bank* es introducir e institucionalizar un sistema bancario no tradicional en zonas rurales, que ofrece opciones de crédito bajo condiciones especiales. Qué mejor ejemplo para aplicar en un país como México, con grandes desigualdades y muchos agravios en nuestras zonas rurales y agrícolas.

Los servicios financieros son una oportunidad importante de negocio en los mercados latinoamericanos y hay que utilizar la innovación para brindar el mejor de los servicios y la oportunidad en la base de la pirámide.

¿Quién no recuerda el libro *"La Estrategia de los Océanos Azules"* de *W. Cham Kin* y *Reene Maubourgne*?

En este libro se trata acerca de la creación de gustos y necesidades en los consumidores con productos o servicios que no sean motivo de duras competencias y que solo harían posible la creación de océanos rojos llenos de sangre donde tendríamos que competir con muchos competidores de servicios similares, lo que nos desgastaría mucho y le daría a nuestra compañía ganancias marginales.

Un ejemplo de creación de productos innovadores y de océanos azules no competidos sería, por ejemplo, el *Circ du Soleil* que no es un circo tradicional con animales, sino circos con espectáculos itinerantes a la altura de los mejores shows de la Vegas, Nueva York o Londres.

Otro ejemplo emblemático es la marca de vinos espumosos *Yelow Tai* que es un vino no tradicional.

Como sabemos hay cientos de mujeres que no gustan de vinos clásicos que consideran amargos. *Yelow Tai* es una compañía de vinos que agregó el ingrediente de volverlos espumosos para llegar a ese sector del mercado bebedor de vino tinto, pero que apenas comienza en la degustación de tan legendaria bebida.

Las cuatro palabras claves que simplifican la fórmula para crear un producto o servicio innovador son:

Reducir.

Aumentar.

Crear.

Eliminar.

Hay que crear un mercado sin competencia en el mercado, hacer que la competencia se vuelva irrelevante, crear y captar demanda nueva, eliminar la disyuntiva del valor y el coste y alinear todo el sistema en las actividades de una empresa con el propósito de lograr diferenciación y bajo coste.

La filosofía de los Océanos Azules, se popularizó de inmediato e hizo su aparición en los prestadores de servicios de productos financieros por toda Latinoamérica.

Y es que la región requiere de estos servicios de microcréditos, dado que el continente tiene en su seno a varios integrantes de las economías emergentes, entre las que se encuentra nuestro país.

Y es que el primer problema con el que se encuentra un emprendedor es cómo conseguir dinero para apalancar su proyecto. Lo más complicado es el inicio.

Solía decir *Paul Getty,* quien por años fue el hombre más rico del mundo, que lo más difícil era hacer el primer millón.

El siguiente paso es saber invertir o reinvertir para multiplicar las ganancias y gracias a las tecnologías, hoy tenemos una mayor posibilidad de tener acceso a créditos y apoyos económicos.

Un ejemplo de un producto del océano azul en el sector de las micro finanzas es *Kiva*, la primera red de micro finanzas de persona a persona en Internet.

Kiva es el primer modelo de micro préstamos de persona a persona por Internet y hace posible que un individuo seleccione a un micro empresario (los perfiles de los solicitantes están colgados en la web de *Kiva* www.kiva.org).

Para prestarte toda o parte de la cantidad que necesitas para tu negocio, todo lo que han de hacer es acceder a la web de PayPal y mediante una tarjeta de crédito o de una transferencia bancaria comenzar a prestar cantidades a partir de 2,5 dólares a un micro empresario.

Como viene documentado en el libro de *Naoko Felder - Kuzu "Micro- franquicias - Casos prácticos"*, *Kiva* fue fundada por *Jessica y Matthew (Matt) Flannery* en la primavera de 2005.

Esta pareja había pasado varios meses de 2004 trabajando en zonas rurales de Kenia, Tanzania y Uganda.

Jessica como directiva del *Village Enterprise Fund (VEF)* y Matt como productor de películas.

Ambos quedaron impresionados por el éxito de cientos de pequeños negocios iniciados por el *VEF*, por el impacto de estos negocios en las comunidades locales en las que se desarrollaban y sobre todo, por el potencial de los micro empresarios locales.

De vuelta a Estados Unidos comenzaron a pensar en la manera de facilitar la forma de ofrecer un préstamo a un empresario americano y en cómo una persona con ingresos medios pudiera prestar cantidades pequeñas de dinero a micro empresarios concretos.

Ya para agosto de 2009 había 105 instituciones asociadas que aparecían en la web de *Kiva* y esta entidad había intermediado una cantidad superior a 85,3 millones de dólares en préstamos concedidos a más de 537.000 personas.

Y es que, como bien afirman Francesc Prior y Javier Santomá en su libro *"Los océanos azules para productos financieros"* existen grandes oportunidades en la base de la pirámide.

El desarrollo económico está relacionado, no solo con el desarrollo del sistema bancario, sino también con el desarrollo de otros sistemas de intermediación financiera y asignación de capital, tales como los mercados de acciones o el desarrollo de otros proveedores de crédito no bancario, como el comercio electrónico.

Los mismos autores señalan que la creación y protección de sistemas de pago es un elemento fundamental que explica la relación entre el desarrollo del sistema financiero y el desarrollo económico.

El uso de formas no físicas de dinero, como los cheques o mecanismos de pago electrónico (tarjetas de débito, tarjetas de crédito, transferencias...) es más eficiente que el dinero en efectivo ya que permiten realizar transacciones a distancia o de gran volumen que serían difíciles de realizar con dinero en efectivo.

De ahí que ya es muy frecuente que miles de negocios estén usando la moneda virtual Bitcoin como una forma de llevar a cabo transacciones electrónicas.

Esta es la verdadera globalización y se encuentra en la capacidad que tenemos de comunicarnos el mundo. Y México tiene todo el potencial para convertirse en un facilitador del comercio internacional, además de tener atractivos fiscales que permitan la inversión en *Startups* que hagan posible que empresarios mexicanos lleven a cabo lanzamientos de plataformas virtuales de sistemas de crédito y de pago.

En un país con enormes desigualdades como el nuestro, la base de la pirámide es un nicho muy importante para hacer negocios. Por eso sorprende a muchos que a Don Carlos Slim Helu le preocupen tanto la pobreza y hable de fortalecer a los sectores más marginados para hacer posible que se incremente el consumo.

No hay que olvidar que uno de los factores más importantes del crecimiento de una economía es precisamente el consumo.

El mismo Grupo Carso invirtió cerca de 300 millones de dólares en plataformas de educación a distancia en la Universidad *Khan Academy* y posteriormente en su propia plataforma con un programa llamado "Aldea Digital" donde las personas pueden tener la oportunidad de instruirse en todo lo referente a las nuevas profesiones que se están demandando en los negocios por Internet.

"Aldea Digital", junto con nuestra plataforma http://www.maestriadigital.com/ es de las primeras opciones que se tienen en México en los tiempos de la nueva economía.

Khan Academy es una plataforma que cuenta con 26 millones de alumnos de 190 países.

Para *Salman Khan*, egresado de las licenciaturas en Matemáticas, Ingeniería Eléctrica y Ciencias de la Computación por el Instituto Tecnológico de Massachusetts (MIT por sus siglas en inglés) y con una maestría en Administración de Negocios por la Universidad de Harvard, era una situación imperdonable que el futuro académico de Nadia, su prima de 12 años, se truncara porque no comprendía las matemáticas y no hubiese nada que pudiera hacer para remediar el problema.

En 2004, en medio de una reunión familiar, *Salman* (consciente del problema que enfrentaba Nadia) acordó darle clases telefónicas para regularizarla en la materia.

Pasados unos meses, estas clases por teléfono se convirtieron en vídeos educativos publicados en YouTube que no sólo podía ver la joven de 12 años, sino también millones de personas de todo el mundo.

Así nació *Khan Academy*.

Hoy, la iniciativa familiar para apoyar a la sobrina de Salman, se ha convertido en una plataforma educativa en Internet que ha impartido más de 580 millones de clases y los usuarios han resuelto más de 3.800 millones de ejercicios de matemáticas, ciencias, biología y otras materias de estudio.

Khan Academy es el nombre de la organización sin fines de lucro fundada por *Salman Khan*.

No podemos seguir viendo a las clases más desprotegidas solo como nichos rentables que dan votos en tiempos electorales, sino como nuestros hermanos que buscan la superación y con quienes podemos trabajar de la mano en proyectos económicos y educativos.

No existe otro camino para erradicar las grandes desigualdades que democratizar los accesos a las tecnologías.

Más adelante, en la parte de educación, hablaremos sobre cómo se puede lograr la ejecución con buenas alianzas estratégicas para el desarrollo.

Una de las libertades más preciadas para todo ser humano es la libertad financiera. El ahorro es un hábito en nuestros rituales diarios, pero no es un camino a la riqueza.

En un artículo publicado el 21 de abril de 2016 por en el periódico *"El Universal"* de la Ciudad de México, Jeanette Leyva y Jassiel Valdelmar escribían:

"En México hay cerca de 88 millones de cuentas bancarias concentradas, en su mayoría (70%), en cuentas

transaccionales tradicionales en bancos como Banamex, Santander, BBVA y Banorte, pero todas comparten una GAT que en lugar de ofrecer rendimiento por el dinero depositado genera pérdidas.

El tener como objetivo "ahorrar" en cuentas de depósito o de ahorro que ofrece la banca en México puede ser sólo una buena intención, ya que la mayoría de las cuentas que promueven las instituciones ofrecen una Ganancia Anual Total (GAT) negativa en términos reales, por lo que los recursos pierden poder adquisitivo."

El indicador de Ganancia Anual Total fue introducido en 2010 por la Ley para la Transparencia y Ordenamiento de los Servicios Financieros y en la reforma financiera de 2014 se amplió la obligación a más intermediarios y se añadió el cálculo de la GAT en términos reales.

Terminan su artículo nuestros periodistas:

"Para el Banco de México (Banxico), dado que el nivel de las tasas de interés y otros elementos de los productos son determinados libremente por cada entidad, es relevante para el ahorrador comparar el rendimiento que ofrecen los intermediarios con la inflación para procurar que los recursos invertidos mantengan su poder adquisitivo en el tiempo."

Jannete y Jasiel.

De todos los Bancos mencionados, solo BANORTE tiene un 80% de capital mexicano, de ahí su lema "el Banco fuerte de México."

Fue fundado en la ciudad de Monterrey por un empresario muy querido y respetado en el norte, Don Roberto González Barrera y actualmente opera como un grupo financiero denominado, "Grupo Financiero Banorte" (GFNorte), bajo un modelo de banca universal ofreciendo una amplia variedad de productos y servicios a través de su casa de bolsa, las compañías de pensiones y seguros, Afore, sociedades de inversión, así como las empresas de arrendamiento y factoraje y la almacenadora.

Al cierre de marzo de 2016, GFNorte administra 127.000 millones de dólares en activos.

Fuera de ahí, la mayoría del sector bancario se encuentra en manos de extranjeros y hay autores como *Sthepen Haber* y *Aldo Musachio* que afirman en su libro *"Los buenos tiempos son estos. La incursión de los bancos extranjeros en México después de un siglo de crisis bancarias"* del Centro de Estudios Espinosa Yglesias:

"Las conclusiones basadas en datos duros reflejan al final del día que los tiempos oscuros de la banca mexicana, muchas veces fueron provocados por el contubernio tan cercano ente gobierno y empresarios, lo que implicaba que las crisis pasaran a ser responsabilidad de los contribuyentes."

Los autores señalan que:

"En 1991 solo el 1% de los activos pertenecían a extranjeros y ya para finales de 2011 habían llegado al 74%."

En ese mismo periodo otros países como Estados Unidos, Canadá, Chile, Colombia, Brasil, Turquía, Filipinas y gran parte de Europa Occidental, también abrieron el sector bancario a la competencia extranjera; pero en ninguno de estos casos el cambio ha sido tan rápido y de magnitudes tales como el mexicano. Y dejan claro en el punto de partida de su estudio:

"Los eventos previos a la liberación de las leyes bancarias en 1997, incluyendo la expropiación de la banca en 1982, la privatización de 1991 - 1992 y el rescate del sistema bancario en 1995 – 1996, fueron consecuencia de la relación entre un gobierno con una autoridad y voluntad casi ilimitada y un grupo de banqueros que solo podían operar bajo los confines

de un ambiente legal regulatorio controlado en su totalidad por el gobierno."

Otra de las propuestas económicas en muestro "Manifiesto Libertario" es un régimen fiscal donde los impuestos que paguemos los mexicanos sean como mucho el 15% sobre las ganancias finales totales, para que podamos utilizar un 5% para incentivos fiscales a través de lo hemos llamado *Filantrocapitalismo* (Fundaciones, ONGS y Grupos intermedios) y que se pueda apoyar a las clases sociales más desprotegidas con las participación de quienes más tienen, pero no a través de decretos o imposiciones, sino de incentivos.

La informalidad ha sido una constante en México. El estudio del Instituto Nacional de estadística y geografía 2014 sobre medición de la economía informal señala que hasta ese año, la medición de la Economía Informal mostró que el 23,7% del PIB es informal y se genera por el 57,8% de la población ocupada en condiciones de informalidad.

Asimismo, el 76,3% del PIB lo genera el Sector Formal con el 42,2% de la población ocupada formal. Es decir, que por cada 100 pesos generados del PIB del país, 76 pesos lo generan el 42% de ocupados formales, mientras que 24 pesos los generan el 58% de ocupados en informalidad

Del citado 23,7% de la Economía Informal, en 2014 el 11,0% correspondía al Sector Informal, es decir, a aquellos negocios no registrados de los hogares dedicados a la producción de bienes o servicios.

De igual manera, el 12,7% correspondía a las otras modalidades de la Informalidad, que se refieren a todo trabajo que aunque labora para unidades económicas distintas a las de los micro negocios no registrados, no cuenta con el amparo del marco legal e institucional (seguridad social, prestaciones sociales, etc.).

El motivo principal de la evasión fiscal, sin duda es que los mexicanos pagamos mucho dinero por concepto de impuestos, aun cuando existen funcionarios que argumentan que pagamos menos impuestos que los países integrantes de la Organización para la Cooperación y el Desarrollo Económicos (OCDE).

Existe un argumento muy difícil de rebatir, ¿qué clase de servicios recibimos a cambio de nuestros impuestos?

La primera obligación de un Estado es garantizar la seguridad de sus ciudadanos y hoy en día, es una de las deficiencias que vivimos en muchas regiones del país.

Se hace necesario que se simplifique, además de que se reduzca, el pago de impuestos.

La informalidad es un reflejo palpable de que millones de mexicanos prefieren no darse de alta en hacienda porque lo ven inviable para su supervivencia como emprendedores, además de que no ven los beneficios directos en sus entornos, como bien señala Carlos Elizondo Meyer - Serra en su libro, *"Con Dinero o sin dinero"*.

No hay una relación directa entre impuestos y calidad de vida.

Los servicios para la atención del contribuyente de la Secretaría de Hacienda han mejorado, sin duda, en los años recientes pero existieron años en que significaba toda una odisea presentar alguna declaración o llevar a cabo un trámite.

A esto hay que agregarle que los estratos de la sociedad mexicana más ricos podían contratar a contadores o despachos de abogados que les diseñaran estrategias para pagar menos impuestos, lo que hace más ineficaz y desequilibrada la carga tributaria.

Quien más paga impuestos es el asalariado al cual le cobran impuestos una vez que recibe su salario mensual, mientras que las grandes corporaciones pueden tener mayores mecanismos de maniobra para pagar menos impuestos.

El alimento con el que se mantiene y crece el Estado son los impuestos. Gracias a ellos puede sobrevivir la burocracia y en muchos de los casos, en los países latinoamericanos es una forma de mantener comprometido al ciudadano con programas sociales.

En general podemos distinguir cuatro grandes partidas del funcionamiento de la burocracia estatal (administración e intereses), Estado de derecho (seguridad, defensa y tribunales, estos últimos integrados en la rúbrica administración), red de infraestructuras (transporte, bomberos y comunicaciones) y asistencia social (sanidad y educación).

En su libro *"Una revolución liberal para España"*, el Director del Instituto Juan de Mariana, el talentoso economista español Juan Ramón Rallo, nos recuerda que muchos economistas, historiadores, filósofos y juristas como *Bryan Caplan, Bruce Brenson, Randy Barnett, Anthony de Jasay, David Friedman, Murray Rothbard, Michael Huemer, Peter Leason, Edward Stringham, Chistopher Coyne, Jeffrey Rogers Hummel*, Jesús Huerta de Soto o *Morris y Linda Tannehil*, llevan décadas explorando la posibilidad de prescindir completamente del Estado.

Su objetivo es analizar cómo podría funcionar una sociedad mediante acuerdos enteramente voluntarios. Sin embargo, Juan Ramón admite que a mediano plazo el Estado va a seguir con nosotros porque la mayoría de la población sigue creyendo que resulta indispensable para garantizar la infraestructura básica de la convivencia social y apela a que luchemos por lograr un modelo de Estado para su país, España, al que queremos que se sume México y que emule el

Estado mínimo decimonónico sobre el que se desarrolló uno de los periodos más prósperos de la historia de la humanidad.

Entre 1820 y 1913, la población occidental se duplicó y su renta per cápita real casi se quintuplicó.

Fue con la aparición de dos guerras mundiales cuando se desarrolló una auténtica ruta hacia el estatismo y el peso del gasto público sobre el Producto Interno Bruto (PIB) no dejó de crecer en todo el mundo.

Incluso países con una tradición liberal como Estados Unidos, tras un siglo con un gasto público por debajo del 10% del PIB, a partir de 1913 comenzó una mayor intervención Estatal que lo ha llevado rebasar el 40% en la actualidad.

En cuanto a los impuestos en un Estado con un modelo liberal, Juan Ramón Rallo propone cuatro principios:

El primero es el de **equivalencia fiscal**, que implica que los beneficiados del gasto público sean quienes costeen ese gasto público y pone el ejemplo de un centro deportivo en un municipio, los beneficiarios del mismo serán los habitantes de esa ciudad y no el conjunto del país y podrán recuperar su inversión cobrando la entrada a sus potenciales usuarios.

El segundo principio que propone es el de **la simplicidad** y por consecuencia el de la trasparencia. Un sistema fiscal complejo puede tener la ventaja de ofrecerle ciertos recovecos al contribuyente para protegerse de la voracidad del Fisco, pero conlleva la contrapartida de imponerles costes adicionales en forma de fatigantes trámites administrativos.

El tercer principio es el de **la prohibición de la doble tributación**, esto es, cada renta debe de gravarse como mucho, sólo en una ocasión. En general, afirma Juan Ramón, podemos optar por dos tipos de impuestos: los impuestos sobre la obtención de la renta (salarios, beneficios y rentas del capital) y los impuestos sobre el uso de la renta, los cuales graven el destino final de la renta (consumo).

Y por último, **el principio de simetría**. Los impuestos generales (no individualizados) deben de ser iguales para todos los contribuyentes con independencia de la posición en la que se hallen y de su comportamiento. En consecuencia, los impuestos deberían de ser proporcionales e iguales en todos los hechos imponibles gravados.

Y alerta por último Juan Ramón, de que no debemos de olvidar que todo impuesto proporcional es al final progresivo en las cuantías absolutas de impuestos pagados.

Lo señala por aquellos que afirman que los ricos pagarían menos impuestos a cambio de que los pobres paguen más. Pero el ejemplo que pone en su notable libro es muy claro:

Un gravamen del 5% sobre una renta de 10.000 pesos implica un pago de 500 pesos, en cambio supone un pago de 5.000 pesos en una renta de 100.000 pesos.

Lo que se propone es que todo el mundo pague menos impuestos.

En una entrevista que dio *Steve Forbes* aparecida en el periódico *El Financiero* en Marzo de 2014 previo a su participación en el Foro Mundial de Negocios, afirmó:

"México necesita crear un ambiente de negocios para que surjan las versiones mexicanas de Steve Jobs, el fundador de Apple."

"La mejor forma de combatir la informalidad es facilitar el proceso de establecer un negocio legal. Al subir los impuestos se destruye la creación de capitales", indicó el empresario estadounidense ante más de mil empresarios y directivos de compañías que asistieron a este evento organizado por la *EGADE Business School* del Tecnológico de Monterrey.

Y tras esto, recomendó a México establecer un sistema fiscal sencillo y con una sola tasa, tal como lo hicieron Hong Kong y Singapur:

"Corten estos impuestos, porque mucha gente no los paga. Pongan una sola tasa. Reduzcan sus impuestos corporativos. Adopten lo que Hong Kong ha establecido, una sola tasa de impuestos para todos y que sea baja, del 10% y este país va a prosperar", indicó en su conferencia.

Opinó que México fácilmente podría crecer por encima de los Estados Unidos, a tasas del 7 o del 8%, si se hacen bien las cosas.

México tiene una posición privilegiada, tanto por su cercanía con Estados Unidos como por los tratados de libre comercio que ha firmado con muchos países, pero ahora debe abrirse internamente, darle a la gente libertad y facilidades para emprender un negocio.

Hasta aquí hemos abordado lo que los gigantismos políticos y económicos pueden causar en la macroeconomía y cómo creando "zonas libertarias" podemos permitir un mayor crecimiento sostenido.

El ataque a las políticas de libre mercado casi siempre ha venido de personas que han preferido un trabajo seguro a un trabajo en libertad.

El debate respecto a quién debe de gobernar, la derecha o la izquierda o tal o cual Partido, en realidad se reduce a una dicotomía clara: más Estado o menos Estado.

Le doy la razón a Andrés Manuel López Obrador cuando afirma que en México existen dos proyectos de país.

El que representa su movimiento ahora convertido en Partido, es MORENA.

Creo que muchos de los diagnósticos de AMLO son objetivos en cuanto a la situación que vive nuestro país, donde tendríamos que debatir rumbo al 2018 es la receta a aplicar para acabar con la pobreza. Se propone arreglar los problemas creados por el Estado con más Estado.

AMLO afirma que los resultados de los gobiernos neoliberales del PRI y el PAN han llevado al país por un camino de recesión y crisis porque han aplicado políticas neoliberales, pero puedo afirmar con todo respeto y firmeza, que en México no se han aplicado políticas públicas de corte liberal sino políticas de corte corporativo, centralista, clientelar y mercantilista.

Es por eso, por lo que los argumentos de la izquierda latinoamericana son débiles en cuanto a que en los 90 existió la implementación de políticas liberales que han llevado a la desigualdad y la pobreza, lo que dio pie ya entrada la década del 2000, al surgimiento de gobiernos populistas que conformaron los países del ALBA, teniendo como caudillos más relevantes a Hugo Chávez en Venezuela, Rafael Correa en Ecuador, Evo Morales en Bolivia, Los Kirchner en Argentina, Daniel Ortega en Nicaragua y claro, los Castro en Cuba.

El único muro de contención contra este bloque de izquierda lo representaba el fuerte liderazgo de Álvaro Uribe Vélez en Colombia, si bien es cierto que las políticas implementadas en los años 90 tenían una configuración liberal.

En su libro *"Rumbo a la Libertad",* Álvaro Vargas Llosa señala un estudio del Departamento de Investigaciones del Banco Interamericano de Desarrollo llamado *"The privatization Paradox" Latin American Economic Policies,* donde se puntualizaba que en todos los países, con excepción de Colombia, Chile y en medida, Brasil, las empresas estatales habían sido grandes fuentes de déficit fiscal antes de los años 90 y una vez llevada la privatización, la rentabilidad de las empresas privatizadas creció un 51% en Argentina, un 61%

en Perú, un 41% en México, un 8% en Chile y Brasil, un 10% en Colombia y un 5% en Bolivia.

La producción de esas empresas creció entre un 25% y un 50% según el país en cuestión.

Sin embargo, Álvaro Vargas Llosa se hace una serie de preguntas que nos llevan a conclusiones muy interesantes sobre lo que él llama "El espejismo capitalista."

Estas privatizaciones, ¿desmontaron el corporativismo, el mercantilismo de Estado, el privilegio, la trasferencia de riqueza y la ley política? Es decir, ¿revirtieron los principios de la opresión que asedian a los latinoamericanos desde los tiempos precolombinos ese subsuelo que frustró todos los intentos anteriores de edificar repúblicas viables?

Y la que considero la más importante de sus preguntas, ¿alteraron esas reformas la relación entre las instituciones del poder y el individuo o constituyeron un reacomodo de la clase dirigente, las ideologías y los modelos económicos a partir de esa matriz fatal que modeló todos los anteriores ensayos de liberación?

Y nos recuerda una frase magistral de *Pascal Salin* para contestarse sus cuestionamientos:

"Una economía de mercado puede existir aun en sociedades colectivistas mientras que la verdadera libertad exige derechos de propiedad y la libertad de contrato."

Álvaro Vargas nos regala una frase lapidaría de lo que sucedió en esos tiempos de intentos de implementación de modelos liberales:

"Los defensores de la privatización y de la economía de libre mercado en general, perdieron de vista la

diferencia entre la creación de una sociedad abierta y la transición hacia una sociedad abierta."

La transición, el proceso mediante el cual el Estado debe de ceder espacio a los individuos renunciando al corporativismo, el mercantilismo de Estado, el privilegio, la transferencia de riqueza y la ley política, pueden dar pie fácilmente a un tipo de transferencia más sutil pero casi igualmente dañina por parte de las autoridades. El poder político puede con toda facilidad seguir haciendo de las suyas.

Y ahí es donde debemos de enfocar la energía en nuestro trabajo de pasar de las ideas a la acción, lo cual es un paso mortal.

Para que tenga éxito la implementación de un modelo de sociedad abierta y economía de libre mercado, se requiere lo que nos recuerda Vargas Llosa de las afirmaciones de *Roger Douglas*, uno de los líderes de la transición neozelandesa, en una conferencia que ofreció en el *Atlantic Institute for Maket Estudies* en *Halifax* (Canadá) en 1995 titulada *"Turning Pain Into Gain: Lesson form the New Zealand Experience."*

En primer término, la esencia de la reforma de una reforma estructural es la abolición de los privilegios, algo muy difícil de alcanzar porque *"a menudo los costos pueden verse porque están concentrados, mientras los beneficios están ampliamente dispersos."*

Y la segunda observación de *Douglas* acerca de la transición concierne en la simultaneidad de las diversas reformas, *"no hay que avanzar paso a paso... Hay que dar un gran salto."*

La economía consiste en una red de interconexiones. No tiene sentido eliminar los subsidios a las exportaciones si las tarifas políticas y los reglamentos de transporte no son eliminados y no se privatizan los servicios portuarios.

"Rumbo a la libertad" es un libro que merece ser leído por todos los amantes de la libertad, donde encontrarán argumentos que son una joya de por qué en nuestro Continente, la clase política desea seguir manteniendo las condiciones Estatistas así sean Partidos de Izquierda o de Derecha.

Creo que aplica más que nunca aquella frase que señala que en las guerras no existen los neutros.

El debate de los últimos 30 años ha girado en el intento de una tercera vía política donde confluya lo mejor del capitalismo y lo mejor del socialismo pero hasta ahora, en ese afán por encontrarla, los grandes cambios se dejan de dar ya que al buscar todos el centro político se pierde la identidad de un proyecto claro de país.

Y si apelamos aquella frase del viejo liberal José Ortega y Gasset cuando afirma en su libro *"Mirabeau o el político"* cuando define que *"política es tener una idea clara de lo que se debe de hacer desde el Estado en una nación"*, el Estado no es más que una máquina situada dentro de una nación para servir a ésta.

Sin claridad es imposible tener buen rumbo de implementación. Por eso la política es lenguaje, música de palabras que dan buen tono para todos. Es imposible llevar a cabo una acción que dé resultados sin que a la mayoría le quede claro hacia dónde quieres llegar.

Cuando escuchas la mayoría de los discursos de los políticos, solo encuentras lugares comunes y palabras que no comprometen.

No definir es una manera cómoda de ganar adeptos.

Por buscar el centro político se pierde la identidad. Por eso la política es un apostolado pedagógico.

Cuando la clase política de un país no ve en las palabras dignidad es fácil perderse en la jungla de la burocracia y de su entorno de intereses.

Tener respeto por la palabra es comprometerse con ella. De ahí nace la diferencia entre el pequeño político y el Estadista. Y aunque los liberales queremos siempre un Estado acotado, no por eso reconocemos que existen áreas, ya mencionadas, donde el Estado actúa y ejerce una influencia.

Ser liberal no es ser anti estatista sino preferir siempre la libertad sobre la coerción y la iniciativa privada sobre la gestión pública.

Es natural preguntarnos qué pasara en caso de llevar a cabo una profunda reforma liberal en un país como el nuestro, con tanta tradición centralista y Estatal, donde la mayoría de nuestras Constituciones hablaban de federalismo pero en la realidad no era cumplidas las funciones que pedía un Constituyente federalista.

Tomemos un ejemplo de lo que sería posible en el caso de que los programas sociales permitieran a los particulares y a las empresas poder crear Fundaciones u Organizaciones no gubernamentales (ONG) a las que se les estimulara fiscalmente y así poder pasar a manos de particulares las acciones que impacten la vida social.

En un proyecto liberal de país la libre asociación se respeta, así como la capacidad del hombre para colaborar de manera natural y libre a través de estos mecanismos incluyendo sindicatos, cooperativas, Colegios, Consejos, Federaciones... Todo ello en un marco de libertad y democracia donde todos puedan apoyarse y crecer.

De ahí que en nuestro "Manifiesto libertario" apoyaremos al *filantrocapitalismo* como el futuro de la ayuda social atacando los problemas de raíz y no solo mitigando el dolor o hambre de manera momentánea.

Esa es la diferencia entre caridad y filantropía.

Elizabeth Boris, primera Directora del Centro No Lucrativos y Filantropía del *Urban Institute* de *Washington*, nos explica con mucha claridad la diferencia:

"Las palabras filantropía y caridad, a menudo se usan como si fueran sinónimas pero en EE.UU. caridad casi siempre quiere decir donar dinero para aliviar el sufrimiento actual de una persona necesitada.

Filantropía tiene un sentido más amplio: el de contribuir a organizaciones que abordan las causas de la pobreza y los problemas sociales o mejoran la calidad general de la vida humana.

Las donaciones filantrópicas apoyan una gran variedad de actividades, entre ellas investigación y estudio, salud, educación, arte y cultura, además de estudios y becas avanzadas."

Aunque existen muchos tipos de Fundaciones, Elizabeth nombra las siguientes características de las fundaciones:

Se forman con fines caritativos, sea para otorgar subvenciones a organizaciones o individuos calificados o para realizar un programa (un instituto de investigación, un museo u otra entidad caritativa).

Las crea un individuo, grupo de individuos o una corporación comercial, dependiendo del tipo de fundación.

Las gobierna una junta directiva o de fideicomisarios.

Reciben donativos de dinero, bienes o valores financieros que se restan de los impuestos a la renta del donante, hasta ciertos límites fijados por ley (si el donante vive) o de impuestos al patrimonio si el donativo se hace mediante un legado al morir.

Pueden otorgar subvenciones directamente a partir de donativos de donantes, pero por lo general invierten los donativos (llamados dotes) en valores financieros (acciones, bonos y otros) y usan el interés y los dividendos derivados (y a veces donativos adicionales de los donantes) para otorgar subvenciones u operar programas que benefician a la sociedad.

Son independientes del gobierno. Es decir, el gobierno no opera ni controla ninguna de sus actividades.

No distribuyen ganancias (son no-lucrativas).

Se clasifican como organizaciones exentas de impuestos bajo la ley (organizaciones 501) (c) (3)) de EE.UU. y por lo tanto están generalmente exentas de pagar impuestos a la renta, con excepción de un impuesto especial del 1 o 2% sobre la renta proveniente de inversiones pagaderas por fundaciones privadas.

Existen 1,14 millones de asociaciones sin ánimo de lucro en los Estados Unidos y los estadounidenses donan cada año 250.000 millones de dólares a esas asociaciones.

En México, según el directorio de datos del Centro Mexicano de la Filantropía CEMEFI, existían hasta 2012 tan solo 131 Fundaciones empresariales.

En un estudio llamado *"Fundaciones empresariales en México: un estudio exploratorio"* del Centro de Investigación y Estudios sobre Sociedad Civil que encabeza Jacqueline Butcher y contó con la participación de la Dra. Luciana

Gandini, el Dr. Rodrigo Villar y el candidato a doctor, Santiago Sordo, que salió publicado el 4 de noviembre de 2014 por Expok Comunicación de Sustentabilidad y RSE, se señala que la indagatoria presentó el gran reto de explorar las fundaciones de cada entidad de la República.

El trabajo reveló datos interesantes: algunas se encuentran en suspensión de actividades y otras más, tienen un bajísimo perfil que les hace invisibles para la comunidad (quizá para evitar que organizaciones les soliciten fondos).

El estudio comparte que en su metodología se estudian dos ejes: la relación Fundación -Sociedad y la relación Fundación - Empresa, en este último rubro destaca el interés por conocer en qué medida juega la fundación la función de apoyar la responsabilidad social corporativa.

De esta manera, el estudio revela que *"hay 131 fundaciones empresariales, de las cuales el 64% fueron creadas por alguna de las 500 empresas más importantes en materia de facturación."*

Destaca que las empresas que más fundaciones han creado son las del rubro de servicios financieros y seguros, seguida de las de bienes de consumo y medios de comunicación y telecomunicaciones.

La Dra. Jacqueline Butcher señaló que en 2012, las 131 fundaciones empresariales donaron 2.697.883.963 pesos.

También expresó que el sector de fundaciones empresariales es muy joven. El 94% de las fundaciones fueron creadas después de 1991 y el mayor auge en su creación ha sido registrado entre el periodo 2002-2008.

Por ubicación geográfica de la fundación, el Distrito Federal cuenta con 74 fundaciones, Nuevo León con 16, Jalisco con 10, Quintana Roo con 5 al igual que Sinaloa, el Estado de México y Veracruz cuentan con 3, Baja California, Chihuahua, Coahuila y Yucatán tienen 2 respectivamente. Baja California

Sur, Chiapas, Hidalgo, Michoacán, San Luis Potosí, Sonora y Tamaulipas sólo cuentan con 1 fundación empresarial.

Sobre el destino de las donaciones del universo de fundaciones empresariales predominan las OSC con un 77,8%, individuos un 70,3%, entidades de gobierno un 25% y otros, un 12,5%.

El Dr. Rodrigo Villar expresó un dato interesante respecto a las características de las fundaciones empresariales en su órgano de gobierno.

Villar ha realizado estudios similares en Colombia y Brasil, con lo que puede comparar que en México, a diferencia de esas dos naciones latinoamericanas, los consejos directivos están conformados en su mayoría por miembros de la empresa y rara vez se tienen personas ajenas a la empresa.

También carecen de Consejos Consultivos, por lo que no hay una democratización de la inversión privada donde predomina solo la visión de la empresa.

La experiencia ha demostrado que resulta, además de mostrar una actitud incluyente, muy efectivo incorporar otras visiones desde la comunidad a los planes de inversión, por lo que nuestras fundaciones están perdiendo esa oportunidad. En la Página www.cemefi.org/directoriodemiembros/sources/index.htm podemos ver el directorio actualizado con todas las Fundaciones privadas y comunitarias así como la directiva y miembros fundadores.

¿Y que sería entonces el *Filantrocapitalismo*?

Matthew Bishop y *Michael Green* explican en su libro *"Filantrocapitalismo"* cómo los ricos pueden cambiar el mundo:

"*Es que los empresarios puedan aplicar a sus donaciones los secretos que hay detrás de su éxito en hacer dinero.*"

Hoy los filantrocapitalistas ven un mundo lleno de problemas y es muy difícil esperar que el manejo de los recursos por parte del Estado, no tenga condicionantes para tener secuestrada a una sociedad dándoles migajas de dinero que el Estado quita a alguien más a través de impuestos.

El *Worrld Wealth Report* (informe sobre la riqueza mundial) *anuel de Capgemini/ Merrill Lynch* observó un aumento del 20% en las donaciones de los ricos en 2006 en Norteamérica.

Y es una tendencia que no se limita a los Estados Unidos, lo que donan las personas ricas de su fortuna es alrededor de un 7% de su riqueza, mucho más que el ciudadano medio.

Y es que estamos convencidos de que nadie puede dar lo que no tiene. Es famosa la frase de *Ted Turner*, dueño de CNN, donde afirma que siempre se mide a los ricos por lo que tienen, más por lo que dan.

Al aplicar los métodos empresariales a la filantropía, los filantropistas están creando un lenguaje nuevo (aunque suene familiar) como afirman *Bishop* y *Green* para describir un enfoque empresarial.

Su filantropía es "estratégica", "consciente del mercado", "orientada al impacto", "basada en el conocimiento", con frecuencia "de alto compromiso" y siempre impulsada por el objetivo de maximizar el "apalancamiento" del dinero del donante.

Y es que no hay que olvidar que aunque la perspectiva de la visión y el lenguaje han cambiado, el hombre mismo en su evolución natural busca dejar un legado, no solo a su familia, sino también a la sociedad.

En su magistral libro *"Súper Cooperadores. Las matemáticas de la evolución, el altruismo y el comportamiento humano"*, *Martin A. Nowak* y *Roger Highfield* dan pruebas importantes de cómo la cooperación es el rasgo humano por excelencia.

Desde los tiempos primitivos, los hombres hemos buscado la manera de colaborar para lograr objetivos comunes.

Una de las críticas que más se le hacen al modelo capitalista es que al hombre lo mueve el egoísmo cuando en realidad lo que nos mueve es el interés.

Alguien quiere o necesita un producto mientras alguien lo tiene o fabrica. Ahí está el origen fundamental del intercambio comercial. Por eso toda ley que regula el comercio, así sean Tratados de Libre Comercio o Pactos de estabilidad económica siempre llevará implícita el deseo de los gobiernos de regular la libertad de comerciar.

Por muchos años hemos tenido la idea de que los gobiernos pretenden construir el bien común cuando en realidad, en la mayoría de las ocasiones, la pretensión del gobierno es el control, la regulación y la charola.

Es parte de la narrativa de los gobiernos el crear historias inventadas y vender espejitos de que las cosas se compondrán una vez que existan alternancias o votaciones "históricas".

Ya nos advertía Marco Tulio Cicerón de lo peligrosa que era la oratoria en manos de tiranos.

La palabra escrita o hablada es un arma muy poderosa para el sostenimiento de cualquier gobierno.

Existe un libro lleno de anécdotas sobre cómo la palabra escrita y las imágenes manipuladas pueden hacer cambiar las percepciones de muchas de las cosas y hacernos creer cosas que en realidad están lejos de ser como son, *"La mentira en la propaganda política y en la publicidad"* de *Guy Durandin*, que está lleno de relatos incluso históricos, al grado de que una vez que terminas su lectura te quedas con la sensación de que, por lo regular, todo lo que nos dicen los medios masivos de comunicación son mentiras y de vez en cuando nos dicen verdades.

Por eso al inicio del libro hablé de que, más que en la era de la información, estamos en era de la inteligencia.

No únicamente en el tema político sufrimos de dichas influencias, los grandes corporativos médicos y las grandes marcas, casi siempre en contubernio con los gobiernos, manipulan nuestros gustos y decisiones aun cuando pensamos que actuamos en libertad.

"Así se manipula al consumidor. Cómo las empresas consiguen lavarnos el cerebro y que compremos sus marcas" es de los últimos libros de *Martín Lindstrom,* experto en marketing y publicidad, donde nos expone cómo también se puede crear un mercado en base a exaltar de forma dolosa las virtudes de un producto y hacerlo pasar como milagroso.

El fin último siempre es la manipulación y el engaño de ahí que en el capítulo de la educación abordaremos el tema ausente en el debate contemporáneo como lo es la ética en la vida y los negocios y su importancia para lograr la prosperidad de una nación.

Uno de los medicamentos más populares para calmar la ansiedad es el Valium y éste no es otra cosa que un medicamento regulado que tiene su origen en la valeriana, la cual podemos conseguir en la naturaleza sin necesidad de marca o manipulación química.

Una de las críticas a los modelos de mercado libre es precisamente señalar a estos como los culpables de la explotación del hombre por el hombre, pero hasta ahora cuando vemos los gigantismos económicos, casi siempre ha existido un contubernio con los gobiernos de cada país de ahí que se señalen a grandes multinacionales como contratantes de niños, mujeres embarazadas y con salarios de miseria.

Pero eso no significa libre mercado. Para que los comercios puedan competir en igualdad de circunstancias es imprescindible que los mercados no estén regulados y que estos sean verdaderamente libres, existiendo competencia y buen servicio.

Para encontrar buenos productos y a buen precio necesitamos que exista competencia sana y no desleal.

En nuestro país tenemos cientos de Comisiones y órganos reguladores que solo se entrometen en la vida económica. Para poder competir, tanto las pequeñas como las grandes empresas, existen privilegios, concesiones, permisos licencias y luego ante el fracaso de los emprendedores y las crisis se culpa al capitalismo de dichas desgracias.

No puede existir erradicación de la pobreza mientras no existan buenos empleos creados por emprendedores que le apuesten al país, pero que éste les garantice las condiciones para darles control del riesgo, en otras palabras, mucho ayuda el que no estorba.

Dinero en el mundo hay y mucho, pero en México no tenemos ni siquiera un protocolo de inversión extranjera directa que permita a los inversionistas ser bien recibidos en nuestra tierra, que dé celeridad a sus trámites migratorios, bancarios, diplomáticos y después de viajar kilómetros se encuentren con impedimentos por parte de autoridades locales que solo quieren que se les lleve el dinero al escritorio argumentando tener la ley en la mano para determinar si la inversión se lleva a cabo o no.

Es tiempo de que nos quede claro que toda política es local y que si los gobiernos municipales a través de sus reglamentos no garantizan seguridad a los inversionistas, tanto nacionales como extranjeros, seguiremos teniendo enormes desigualdades.

Recuerdo la desesperación de mi amigo, el gran teólogo Otto Arango de República Dominicana, quien fue Presidente de la Asociación Internacional de Iglesias Bautistas cuando me dijo categórico, *"Rodolfo, México nunca va salir adelante."*

Me explicó que había tocado todas las puertas, sobre todo, de autoridades municipales para proponerles un modelo de negocio que significaba un círculo virtuoso.

Él tenía acceso a un fondo del Banco Interamericano de Desarrollo para Problemas Ambientales, que habían realizado un grupo de países para los temas del cambio climático, desarrollo sustentable y todo lo referente a políticas ecológicas.

El acceso al dinero, que era a fondo perdido, lo daba el banco con solo cumplir mínimos requisitos. La idea era comprar maquinaria en China que reciclaba llantas y posteriormente el producto de ese reciclaje lo compraba un corporativo en los Estados Unidos y todo esto con capacitación por parte de China para que los empleados mexicanos pudieran ofrecer mano de obra calificada en el manejo de las máquinas recicladoras. Negocio redondo.

Pero las negativas que encontró eran el resultado de autoridades poco creativas que peleaban el dinero que se les podía ofrecer con anticipación, además de que como todo esto se llevó a cabo antes de la reforma constitucional que permitía la reelección a los alcaldes, no les parecía atractivo permitir un negocio con el que se podía quedar con mayores resultados el siguiente en turno en el gobierno municipal.

Vemos un círculo virtuoso de negocio frente a un círculo vicioso de gobierno.

Es por eso, por lo que los libertarios propugnamos por un sistema político que permitan, tanto el liberalismo democrático como un sistema económico, que fomente los mercados libres.

¿Cómo es posible que existiendo tanto economista egresado de las grandes escuelas de negocio con una tradición libertaria existan crisis recurrentes?

La explicación tiene dos causas fundamentales:

Lo que debería estar en entredicho, y con frecuencia olvidamos, es que son las Escuelas de Administración de empresas o de negocios las que han olvidado su misión fundamental, enfocarse en la formación que se requiere para ser emprendedor.

No estar buscando como último fin el ser parte de los rankings de las revistas de prestigio para al final del día ser un negocio más, en lugar de lograr su excelencia en lo que es su trabajo fundamental, educar para que los conocimientos sean útiles en el mundo real.

Ya existe todo un debate al respecto desde que en 2008 apareció un artículo de *Nitin Nhoría* y *Rakesh Khurana* en *Harvard Business Review* que abrió el debate en el que se encuentran inmersas las escuelas de negocios, que derivó en libros que han puesto en entredicho la necesidad o la eficacia de estudiar un Master en Negocios (MBA) y la respuesta de muchos autores y analistas con sus respectivos trabajos es que en estos tiempos de economía digital, ya no es necesario estudiar un MBA.

En su libro *"MBA'S ¿Ángeles o Demonios?"* Juanma Roca nos habla de que las razones para estudiar un MBA eran:

Cambio de trabajo o desarrollo profesional.

Aumento considerable de sueldo y remuneración económica.

Adquisición o asentamiento de conocimientos sólidos sobre la dirección de empresas.

Construcción de una red de contactos amplia (networking) y puesta en contacto con grandes empresas reclutadoras.

Miedo o temor a una entrada difícil o por la puerta de atrás al mercado laboral: extensión de la etapa formativa pos universitaria.

El autor propone que al igual que un médico lleva a cabo el juramento hipocrático, un estudiante de un Master de Negocios también tenga un Código de ética, ya que el trabajo de un capitán de empresa trasciende en la vida de sus empleados.

Pero el argumento más demoledor respecto a las consecuencias de las crisis y la responsabilidad de los gerentes (CEO´S) es lo que *John C Bogle* llama el "capitalismo de los gestores" en su magistral libro *"La batalla por el alma del capitalismo."*

En él aborda el problema de que en las Escuelas de Negocios, a los alumnos se les enseña para solo gestionar problemas en los grandes corporativos y no para ser independientes y libres financieramente.

Y es que la "libertad financiera" no es que el dinero te sobre, sino que el concepto tiene un significado más amplio que es, que el dinero no te haga preso de tu tiempo tanto si te falta como si te sobra.

Si te falta tienes que ser muchas veces esclavo de un horario de trabajo que te deja poco tiempo para pensar y la creatividad y las grandes ideas de los emprendedores nacen en los tiempos de libertad y ocio. Se le atribuye a Don Carlos Slim la frase *"yo no trabajo solo pienso."*

En el capítulo de Educación abordaremos el tema de cómo iniciar un negocio, ser emprendedores y cómo, gracias a la tecnología, podemos llegar a mercados más amplios de consumidores.

¿Cuál es el camino más veloz para poder tener éxito y no quedarnos truncados durante el proceso?

En nuestra "Revolución Liberal" la educación será el motor de los grandes cambios.

Uno de mis economistas consentidos y quien inspiró mis primeras lecturas liberales fue *Ludwig Von Mises*, quien solía repetir que si el capitalismo es un paso necesario e inevitable en el camino hacia el socialismo, entonces uno no puede afirmar, desde el punto de vista de Marx, que lo que el capitalista hace sea ético y moralmente malo.

Uno de los principios que mueve a nuestro "Manifiesto Libertario" para México es la filosofía de *C.K. Prahaland* quien nos muestra muchos casos de éxito sobre cómo emprender negocios teniendo como consumidores y actores principales a los más pobres del mundo, que ya suman casi más de 4.000 millones, que se encuentran en la base de la pirámide social y que viven con 2 dólares al día.

En su libro *"La nueva oportunidad de negocios en la base de la pirámide"*, C.K. Prahaland afirma, *"con enfoques nuevos y creativos se puede convertir la pobreza en una oportunidad para todos los interesados."*

El concepto fue introducido para llamar la atención hacia los 45.000 millones de pobres que están desatendidos o mal atendidos por el gran sector privado organizado, incluyendo las firmas multinacionales.

Esta base de la pirámide representa una extrema variedad en sus niveles de analfabetismo, mezcla urbano - rural, mezcla geográfica, niveles de ingresos, diferencias culturales y religiosas y toda otra base de concebible de segmentación.

El objetivo es capacitar a la gente para que pueda escapar de la pobreza y la privación, gracias a sistemas auto sostenibles basados en el mercado.

En el último capítulo abordaremos el tema con mayor detalle y de cómo vincular la tecnología para apoyar este desarrollo.

Pero casos de éxito dirigidos a este mercado los tenemos de sobra y como adelanto podemos mencionar a *Casas Bahía* de ventas al por menor en Brasil, *Elektra* que son servicios de banca al por menor, a *Globe* que son telecomunicaciones de Filipinas, ya he mencionado a *Grammen* de micro financiamiento en Bangladesh, productos lácteos con *Almud* en la India, ventas al por menor con *Pick and Pay* en Sudáfrica y *Savory* de Nestlé que son helados en Chile.

¿Quién dice que no se puede?

El Ogro Filantrópico Sigue Vivo

"La libertad no es un medio para alcanzar un fin político más alto. Es en sí misma el fin político más alto."

Lord Acton.

"Lo más difícil de entender del mundo es el impuesto sobre la renta."

Albert Einsten

Casi a punto de terminar mi carrera universitaria me marcó mi amigo Omar Cerecedo (qepd) y me comentó que quería invitar de padrino de nuestra generación en la Facultad de derecho de la UNAM al escritor colombiano Gabriel García Márquez.

Le comenté, pesimista, a Omar sobre esa posibilidad y me contestó, *"tú conoces muy bien su obra, ¿por qué no le escribes una carta y yo se la llevo?"*

Se la mandé a los pocos días y pasó menos de un mes cuando Omar me marcó para comentarme que el Gabo había aceptado.

Me comentó que se lo había encontrado en algún lugar de la zona rosa, en la ciudad de México, y que Don Gabriel iba acompañado de Ganni Mina, un escritor de izquierda, que un par de años después relató en el libro *"Latinoamérica, un conteniente olvidado",* el encuentro que ellos dos tuvieron con Omar Cerecedo, estudiante de derecho de la Universidad

Nacional de México que le pidió al Gabo que viniera y que ya conocía por las constantes visitas de este a su casa en San Ángel para que le autografiara libros.

Don Gabriel le comentó delante de Ganni Mina, *"¡Qué difícil es estudiar derecho en un país donde es casi inexistente el Estado de Derecho!"*

Aun cuando todos sabemos del cariño del Nobel para con nuestro país, eran relevantes sus comentarios sobre el tema de que en nuestro país existe la impunidad y la injusticia.

Estoy convencido de que en las cárceles mexicanas existen más pobres que culpables.

Parece ser que la ley no existe y solo quien tiene un buen abogado y bien pagado puede salir adelante en un juicio.

Parece ser que en muchas ocasiones se cumple aquella frase que hizo famosa Benito Juárez, *"para los amigos la gracia de la ley, para los enemigos todo el peso de la ley."*

El tema es por demás relevante, ya que uno de los orígenes de la corrupción está en la impunidad.

El no castigar un delito es una invitación abierta para que otros delincan.

El ideal del derecho es perseguir la justicia. No existe libertad sin un acuerdo mínimo de normatividad jurídica entre particulares o frente al Estado. Si actuáramos sin un acuerdo mínimo caeríamos en el libertinaje.

El problema comienza con la forma en que se elige a un Ministro de la Corte siguiendo el Artículo 96 del texto constitucional, ya que el presidente de la República y el Senado son los dos órganos claves que participan en el proceso de designación de los ministros.

La Constitución faculta al presidente de la República a presentar una terna de candidatos ante el Senado, quien tiene la facultad de elegir alguno de ellos. Previa comparecencia, el Senado designará al ministro por una votación de las dos terceras partes de los miembros del Senado presentes.

Si en treinta días el Senado no adoptase una decisión, entonces ocupará el cargo de Ministro la persona que, dentro de dicha terna, designe el presidente de la República. Pero en caso de que el Senado rechace la totalidad de la terna, el presidente de la República someterá una nueva.

Si esta segunda terna fuese también rechazada por el Senado, entonces, ocupará el cargo de Ministro la persona que dentro de dicha terna decidiese el presidente de la República.

El principio de la autonomía y equilibrio de poderes en México es prácticamente inexistente, los Ministros durante su estancia en la Corte están agradecidos siempre al Presidente que los incluyó en la terna presentada al Senado y a su vez no hay que olvidar que el Presidente de la Corte sale de los Ministros en funciones.

En nuestro "Manifiesto Libertario" proponemos la autonomía plena de nuestra Suprema Corte de Justicia para permitir que cumpla de manera imparcial y con plena independencia el trabajo de la impartición de Justicia.

Se ha vuelto una práctica común que los puestos vacantes de Ministros o Jueces y miembros del Servicio Diplomático, como Cónsules o Embajadores, muchas veces no cumplan con la preparación para ocupar dichos puestos, pero como entra la mano de la política, los intereses y los favores, estas posiciones se vienen a convertir en espacios de jubilados de la política lo que hace que exista una subordinación, sobre todo en el tema de la carrera judicial.

Otro de los rubros donde no se cumple el tema del espíritu del Constituyente y la ley para establecer un auténtico federalismo es en el tema del Municipio Libre. Y en México, aunque tenemos toda una tradición en el constitucionalismo liberal particularmente en la Constitución de 1857, hemos vivido en un sistema centralizado. Comenzando porque en el municipio libre y el artículo 115 Constitucional.

Fue en las constituciones centralistas y no en las federalistas donde más se respetó la libertad municipal sobre todo en el tema hacendario.

El análisis del municipio en México es de suma importancia ya que es la clave fundamental de todo Estado democrático y federal.

En la génesis de su concepción es oportuno diferenciar la influencia de dos autocracias: la indígena y la española, por lo que se desprende que en muchas de las reformas constitucionales siempre ha estado presente un aspecto cultural de suma importancia, de ahí que el tema de la responsabilidad de los municipios en la incorporación de la educación en las pequeñas comunidades y minorías estuviera contemplado por los constitucionalistas.

El debate en este rubro, siempre fue intenso hasta que se consolidó la federalización educativa.

La influencia árabe en el municipio castellano nutrió su evolución con aditamentos culturales que se manifestaron más tarde en la consolidación de los cabildos españoles e indígenas.

La imagen del tlatoani y del cacique ha estado presente en nuestra vida cultural, de ahí que a pesar de los esfuerzos por democratizar la vida municipal de la Nueva España, fueron notorias las creencias e incluso las contradicciones, por ejemplo, la forma en que se nombraban los alcaldes ordinarios.

Al respecto, el texto de recopilación de Indias señalaba en uno de sus apartados, que del conjunto del cabildo surgiera un alcalde ordinario mientras otro hablaba de dos alcaldes.

En el cabildo indígena, los indios fueron en muchas ocasiones víctimas de abusos y de interferencia en su régimen municipal, que resultaba condenado a una situación inferior respecto a los municipios españoles establecidos en la Nueva España.

Con la aplicación del sistema de intendencias, el centralismo sometió al municipio a una vida poco autónoma, dando lugar con esto al nacimiento del movimiento de independencia.

En el México independiente, curiosamente son las Constituciones Centralistas las que contemplan al municipio libre en los hechos, mientras las federales marcan en la formalidad la libertad, en tanto que en los hechos no deja de existir la rigidez política.

Tal parece que en el poder de la letra, en la mayoría de las Constituciones federales, incluyendo a la de 1917, intentaron llevar a su máximo esplendor la vida municipal y consolidar un auténtico federalismo pero en los hechos es lo contrario, el municipio está cada vez más sometido a las decisiones de la federación.

El municipio fue bandera del movimiento revolucionario, principalmente de las fuerzas del primer jefe constitucionalista Don Venustiano Carranza. Este acarició, aunque en la práctica no impulsó lo necesario el viejo proyecto de raíz hispánica, como tampoco la larga tradición federalista de su estado natal Coahuila.

Su experiencia en Cuatro Ciénagas, lo había convencido de que la rendición moral de México sólo podía partir de abajo, de la escuela de la democracia que era y es el municipio libre.

Las reformas hasta ahora llevadas a cabo en el artículo 115 constitucional, han dado una autonomía muy gradual al municipio, pero cuando parece que existen avances reales, se manifiestan lagunas que impiden la correcta interpretación de lo que el constituyente quiso decir.

Es importante la reforma del artículo 105 constitucional que convierte al municipio en un poder político, sin embargo hay que considerar una iniciativa presentada en 1999 en el sentido de que se introduzca el termino autonomía, que se proponía añadir al párrafo primero del artículo 115, y que se entiende como: *"la potestad que dentro de la noción de Estado en su amplio sentido, pueden gozar los municipios para regir intereses particulares en su vida interior, mediante normas y órganos de gobierno propio."*

Con el objeto de garantizar los alcances cuasi legislativos de los Ayuntamientos se amplía y se hace explícita la potestad que estos tendrán para expedir bandos de policía y buen gobierno y reglamentos, particularmente los que regulen la organización de la administración pública municipal respecto de sus órganos administrativos, desconcentrados y descentralizados, la distribución de las competencias y facultades dentro de sus dependencias y el nombramiento de sus titulares que no sean miembros del ayuntamiento como órgano colegiado; así como nombrar directa y espontáneamente las matarías de su competencia así como procedimientos y servicios.

El 14 de agosto de 2001 se añadió el párrafo cuarto de la fracción tercera para establecer la libertad, coordinación y asociación de las comunidades indígenas. Existiendo un debate sobre la ausencia al respeto a los acuerdos de San

Andrés sobre autonomía real y plena de las comunidades indígenas.

Creo que son evidentes todavía las lagunas existentes en nuestro artículo 115 constitucional, por lo que tenemos que lograr una reforma completa que no deje la menor duda sobre la autonomía municipal.

Toda política es local, es imposible seguir pensando que con la voluntad de una sola persona se puede cambiar el destino de un país.

En los últimos 46 años, ningún Presidente de México ha salido con buenas calificaciones después de su mandato Constitucional y es que es ilógico y poco realista pensar que el destino de 121 millones de personas pueda depender de lo que haga o deje de hacer un político.

Es por eso, por lo que los tiempos que estamos viviendo son, con mucho, de lo más interesante porque esos gigantismos políticos y económicos que estuvimos acostumbrados a vivir ya no existirán nunca más, su configuración será diferente y su rol en nuestras vidas también: monedas virtuales, ventas digitales, un consumidor más exigente, ejércitos privados, comunidades en Internet...

Por eso, cuando se habla de neoliberalismo, este no es más que un movimiento que, como todo, tiene cosas buenas y malas.

Al proponer un proyecto liberal para México, no es mi propósito tener la razón sino presentar aquello que funciona.

En el año 2000 tuvimos una alternancia después de siete décadas de gobiernos del PRI, sabemos que el mejor momento para consolidar una transición es cuando existe un cambio de gobierno porque el Presidente en turno tiene la legitimidad (el apoyo del pueblo) para llevar a cabo los cambios significativos del sistema.

Pero se desaprovechó el momento para diseñar un modelo que viniera a transformar al viejo régimen.

Una transición siempre deriva en una Nueva Constitución. El 21 de Agosto del 2000 se instaló también la "Comisión de Estudios para la Reforma del Estado" en el Hotel Fiesta Americana de la Ciudad de México quedando como Presidente de la misma, Porfirio Muñoz Ledo y quedando integradas las mesas de trabajo de la siguiente manera:

Mesa I. Derechos Humanos y Libertades Públicas.

Mesa II. Objetivos Económicos y Sociales del Estado.

Mesa III. Representación Política y Democracia participativa.

Mesa IV. Forma de Gobierno y Organización de los Poderes Públicos.

Mesa V. Federalismo y Descentralización y Autonomías.

Mesa VI. Constitución y Globalidad.

Todas las conclusiones de las mesas de trabajo se quedaron en buenas intenciones porque nunca logramos ver aterrizado el tema de la Reforma del Estado en una nueva Constitución que hiciera posible que pudiéramos transitar hacia un nuevo régimen, ya que el que habíamos tenido ya estaba agotado.

Las instituciones ya estaban rebasadas, se requería un cambio de rumbo y un nuevo pacto social.

Dos temas importantes antes de pasar al de Seguridad Pública es el referente a Derechos Humanos y combate a la Corrupción, los cuales han sido una exigencia de todos los mexicanos en esta década de violencia y miedo en nuestras calles.

Se proponía en las mesas de debates de la Comisión de Estudios de la Reforma del Estado introducir en el texto constitucional un capitulo que agrupara y especificara el conjunto de tales derechos.

Estos podían estar señalados en diversos artículos del texto vigente o bien mencionar expresamente otros derechos aún no considerados en el texto actual.

Adicionalmente, se proponía incluir el siguiente texto al inicio de este capítulo de disposiciones de instrumentos internacionales que México está suscrito y lo obligan:

"El reconocimiento de la dignidad inherente a todos los miembros de la familia humana y de sus derechos iguales e inalienables constituye el fundamento de la libertad, de la justicia y de la paz en el mundo. Todos los seres humanos nacen libres e iguales en dignidad y derechos."

Se proponía también la estructura de una Nueva Constitución o sus eventuales reformas a efecto de distinguir entre derechos fundamentales de diversa naturaleza e insertar los diversos tipos de derechos en secciones diferenciadas.

Tratar posiblemente en un título, lo relativo a las disposiciones generales aplicables a toda la Constitución y dedicar otro a los derechos y deberes humanos.

Este título podría componerse de los siguientes capítulos:

Disposiciones generales en la materia

Trataría de los aspectos relacionados a la situación jurídica de los derechos y las obligaciones y las relaciones de las mismas con el derecho internacional.

Concerniente a la nacionalidad, la ciudadanía y la situación de los extranjeros

Se requiere establecer primero la calidad de los sujetos titulares de los derechos y obligaciones y luego las imputaciones a su favor.

Relativo a las obligaciones a cada uno de los sujetos definidos en el capítulo anterior

Dedicado a los derechos y a las libertades fundamentales de las personas, entendiéndose que en este apartado se tratarían fundamentalmente los derechos de carácter liberal o negativos.

Relativo a los derechos sociales o prestaciones

Concerniente a la relación entre los distintos tipos de derechos definidos en el capítulo segundo y los medios de protección constitucional encaminados a lograr la eficacia jurídica.

Relativo a la suspensión de los derechos humanos

Se propone la adopción de un sistema que prevea formas diversas de actuación (duración, espacio, órganos participantes, etc.) frente a supuestos que resulten diferenciables por sus alcances o peligro para la sociedad.

La determinación del tipo de protección constitucional que debiera otorgarse a cada uno de los derechos componentes de esas secciones

Es precisar los medios de protección (y los alcances) de cada uno de los grupos de derechos humanos que se hubiera formado.

Determinar las formas de relación o incorporación de los derechos humanos previstos en los instrumentos del derecho internacional respecto del texto constitucional

En un sentido de ánimo internacionalista la Comisión insistió siempre en establecer en la Constitución la supremacía de los Tratados internacionales en materia de derechos humanos sobre el derecho interno y establecer la incorporación del contenido de los tratados internaciones en nuestro orden jurídico.

Esto es la conversión de estos compromisos en leyes internas, lo que se logró con la reforma del 10 de junio del 2011, donde se recoge la figura de la "interpretación conforme" al señalarse que todas las normas relativas a derechos humanos de la jerarquía que sea, se deberán de interpretar de acuerdo a la Constitución mexicana y los Tratados internacionales, incorporándose el concepto de *"pro personae"* que señala que, cuando existan distintas interpretaciones de posibles de la norma jurídica, se deberá elegir aquella que más proteja al titular de un derecho humano.

Igualmente, en el caso concreto de que apliquen dos o más normas jurídicas, el intérprete debe elegir aquella que mejor proteja al titular de un derecho humano.

En el mismo tenor internacionalista se modifica el artículo 33 Constitucional para modular la facultad del Presidente de la República para hacer abandonar el territorio nacional a personas extranjeras, ahora la persona de otros países que estén de manera temporal en nuestro país podrán tener previa audiencia.

"Se adiciona I fracción X del artículo 89 Constitucional, para efecto de incorporar como principios de la política exterior del Estado mexicano, la cual corresponde desarrollar al Presidente de la República el respeto a la protección y promoción de los derechos humanos."

Esto implica que los derechos humanos se convierten en un eje rector de la diplomacia mexicana y que no se puede seguir siendo neutral frente a sus violaciones.

"Homologar los sistemas y niveles de protección de los derechos humanos con los órdenes federal, estatal y municipal."

Y uno de los más importantes, el de *"establecer los mecanismos de control mediante los cuales se supervise la observancia en el ámbito legislativo de las recomendaciones emitidas. Ese espacio deberá estar abierto a la participación de organizaciones civiles y sociales."*

"Adoptar el método recomendado por la Naciones Unidas (ONU) para la designación de los órganos que componen las comisiones protectoras de derechos humanos, el cual establece la representación pluralista de las fuerzas sociales."

La participación del poder legislativo para fortalecer las recomendaciones de los organismos protectores de los derechos humanos podrá lograrse por medio de dos mecanismos:

Que ante la no aceptación injustificada de una recomendación, los organismos públicos protectores de los derechos humanos emitan un informe especial y que las comisiones de derechos humanos locales lo dirijan a la Cámara de Diputados correspondiente, la Comisión Nacional de Derechos Humanos y la Cámara de Senadores.

Que el Poder Legislativo cite al servidor público involucrado a fin de que explique su actuación.

Ya en la Reforma de 2011 toda recomendación debe de ser contestada, tanto si es aceptada como si es rechazada. En caso de que alguna autoridad rechace una recomendación, puede ser citada por el Senado por la Comisión Permanente, si la recomendación proviene de la CNDH o bien por la legislatura local, si esta fue expedida por la comisión estatal.

Es importante adoptar los principios de nuestra política exterior a dirimir de manera pacífica nuestros conflictos internos, sobre todo en ciertas zonas del país en permanente conflicto.

Uno de los tópicos fundamentales en el tema de derechos ambientales es el tomar en cuenta que es imposible hablar de desarrollo sin que tomemos en cuenta la sustantividad del mismo para no arriesgar a las futuras generaciones con el tema de la escasez de recursos.

El Desarrollo sustentable es elemental para nuestra seguridad como nación, por lo que se requiere tener datos e indicadores así como vigilar las tendencias y transiciones claves en los procesos de sustentabilidad natural y social para lograr diagnósticos rápidos y efectivos para eventos impredecibles.

No hay que olvidar que existe una cultura milenaria en nuestras tradiciones indígenas para el cuidado de la tierra como organismo vivo, por lo que hay que definir con claridad los términos de pluriétnico y pluricultural del Estado: legislar sobre las demandas puntuales y continuas de todos los pueblos, sobre su autonomía, acceso a recursos, participación económica y política. Promover la libre creación cultural y el disfrute de las culturas originarias indígenas y mestizas.

Por demás, interesantes las conversaciones que he tenido con mi tocayo Eduardo Arturo Valdez Richaud, quien ha dedicado toda una vida al conocimiento y a la defensa en la línea de fuego a favor de las culturas indígenas y la interpretación que estas han dado a la madre naturaleza.

Entre sus aportaciones más importantes está:

"En la historia de México los pueblos indígenas han formado parte relevante en las diferentes luchas de emancipación.

Sin embargo, versiones oficialistas de la Historia han invisibilizado su papel, no obstante el peso específico que han asumido en los acontecimientos históricos, algunos de los cuales han sido encabezados por indígenas.

El hecho de que actualmente existen movilizaciones indígenas en todo el país, que son fundamentales para el futuro de la nación, pero que tienen un escaso o nulo conocimiento de una gran parte de la sociedad civil, corrobora el hecho de que, además de su marginación económica, siguen siendo invisibles social y políticamente en la opinión pública, aun en la que se dice estar enterada del acontecer nacional y asume tener una perspectiva crítica de la Historia, postura que se expresa en corrientes de pensamiento democrático, progresista, liberal, izquierdista o revolucionario, en cuyo caso esa ignorancia supina es ponderada, ya que se supone que la verdad objetiva en la concepción del mundo es el sustrato de su praxis política.

Para muchas de estas corrientes, el indígena carece de relevancia como actor político-social.

Otro factor que agudiza esa invisibilización es la discriminación racial que todavía existe en la sociedad mexicana, exacerbada por la línea ideológica de corte clasista y racista y el poder desinformativo de los llamados medios de comunicación.

Los anhelos y acciones políticas de la sociedad civil en general por construir una nación con mayor justicia y equidad, han quedado atrapados en una visión política esencialmente institucionalizada.

Los instrumentos que se usan para ello han sido, con las ligeras adecuaciones permitidas por los grupos dominantes de poder, los mismos de siempre: democracia representativa, perdidos políticos, elecciones, parlamentos, cuotas de poder, alternancia controlada, financiamiento público o privado, etc.

Por el fuerte vínculo existencial que los indígenas han tenido desde sus orígenes hasta nuestros días y por su concepción no antropocentrista de su relación con la naturaleza, es lógico que sean ellos los que más aguerridamente la defiendan y cuiden.

Abona esta tesis la forma tan respetuosa con la que la nombran: Madre Tierra, Pachamama, etc. Y la importancia que le asignan al ubicarla como el lugar donde tienen los dioses y los espíritus de sus ancestros muertos, su morada.

Su concepción del mundo, con fuertes componentes animistas, reminiscencias del pensamiento primigenio de las culturas mesoamericanas, tal vez mágico - religiosas, los elementos esenciales de la naturaleza: agua, tierra, aire y fuego, así como los animales y las plantas, son seres que poseen un alma o espíritu con el cual ellos se relacionan en su vida cotidiana. Sus festividades religiosas son un testimonio de ello.

La destrucción ambiental ha sido consustancial al desarrollo de sistemas económicos destructivos.

El principio fundamental de "máxima ganancia con la menor inversión" es, per se, un obstáculo para la implementación de sistemas de resarcimiento total por las afectaciones ambientales, dado que no hay modelos de cuantificación integral de los costes, actuales y futuros, sociales, ambientales, culturales, económicos y laborales; todos ellos inevitables en toda actividad extractivista.

Otra de las razones por las que los indígenas están en primera fila en las luchas ecologistas es el abandono de la responsabilidad constitucional del cuidado del medio ambiente en que el Estado ha incurrido.

Y el desdén, tanto del tema de la ecología como del indígena, de los partidos políticos, las cámaras empresariales, las instituciones educativas y religiosas, los sindicatos y otros grupos de la sociedad civil.

Ese vacío, aunado a los efectos devastadores del extractivismo con la anuencia y complicidad del Estado, ha sido llenado por la acción ambientalista de los indígenas al ver amenazada directamente la vida de sus comunidades, ya que a pesar de las posibilidades, suficientes o exiguas que les ofrece su territorio, es el único medio para su subsistencia.

El concepto de territorio en las culturas indígenas es mucho más amplio y rico que lo que la industria extractivista maneja. Mientras que para esta el territorio es el lugar donde hay recursos naturales que hay que extraer y mercantilizar para obtener riquezas materiales, para las culturas indígenas el territorio es el espacio donde se encuentran los benefactores de la Naturaleza que alimentan su cuerpo y su espíritu. Es el lugar donde nacieron, juegan, habitan, aman y sueñan; donde siembran su futuro en la parcela donde se preservara la Vida a través de su descendencia.

La destrucción ambiental exacerbada por las pobres políticas de promoción a la agricultura campesina e incluso por acciones francamente perniciosas, hacia la actividad agrícola, como la transgénica, aunadas a la siembra de plantas que producen drogas para el narcotráfico, el extractivismo, el despojo y el acaparamiento de los recursos naturales, han generado otro tipo de fenómenos en la sociedad en general, la migración, que provoca un rompimiento en el tejido social.

El círculo vicioso se completa cuando se conjugan estas dos formas de violencia, dando por resultado uno de los fenómenos más catastróficos del planeta en el que México, desgraciadamente, aporta una de las mayores cuotas, la destrucción del tejido socio-ambiental.

Los indígenas, hoy por hoy, están activados: se preparan, se organizan y se movilizan. Es una realidad insoslayable que catalizan, encabezan y se solidarizan con los diferentes movimientos de lucha contra proyectos de corporaciones extractivistas y otras violencias y acciones contra la vida y seguridad de la población y contra las políticas omisas, cómplices y represivas del Estado.

Sus medios de lucha han sido diversos: legales, métodos de presión física expresados en marchas, tomas de carreteras y *de predios donde se llevan a cabo esos proyectos, e incluso organizados en la vía político - militar.*

En fin, si la crisis socio ambiental actual de México ya está tocando fondo, la respuesta dialéctica del pueblo mexicano ya está en marcha y se consolida y no hay duda de que el movimiento indígena es uno de sus principales protagonistas y aunque para muchos no es visible y tal vez su paso sea algo lento, su marcha es inexorable. Por fortuna."

Siguiendo con el tema de Derechos Humanos hay que recordar que recientemente, en el año 2011, la denominación del Capítulo I del Título Primero de la Constitución cambió dejando atrás el viejo concepto de "garantías individuales".

A partir de la reforma se llama "De los derechos humanos y sus garantías".

La expresión derechos humanos es mucho más moderna que el de garantías individuales y es la que se suele utilizar en el ámbito del derecho internacional, lo que permite ver que existe un mayor interés del legislador de remarcar su importancia de la propia semántica.

Sin embargo y a pesar de los intentos de priorizar el respeto a los derechos humanos en nuestro texto fundamental, el informe de la Comisión Interamericana de Derechos Humanos no da resultados muy halagadores sobre México

En su informe señala lo siguiente:

"La Comisión Interamericana de Derechos Humanos (CIDH o Comisión) valora las medidas que el Estado ha tomado para hacer frente la situación presentada en el informe.

En particular reconoce las importantes reformas en materia constitucional y legislativa que se han introducido en México a

partir de 2011, incluyendo la reforma constitucional y los protocolos recientemente aprobados para la investigación de casos de tortura y desaparición forzada, así como otras iniciativas señaladas en el informe.

Sin perjuicio de estos avances, la respuesta estatal enfrenta deficiencias, insuficiencias y obstáculos en su implementación.

La CIDH constató una profunda brecha entre el andamiaje legislativo y judicial y la realidad cotidiana que viven millones de personas en el país, en su acceso a la justicia, prevención del delito y otras iniciativas gubernamentales.

Una y otra vez, en todo el país, la CIDH escuchó de las víctimas que la procuración de justicia es una simulación."

En este contexto son de especial preocupación las denuncias de desapariciones forzadas, ejecuciones extrajudiciales y tortura, así como la situación de inseguridad de las mujeres, la niñez, las personas migrantes, defensoras de derechos humanos y periodistas, quienes son víctimas de asesinatos, desapariciones, secuestros, tortura, amenazas y hostigamientos.

México es considerado además, uno de los países más peligrosos del mundo para ejercer el periodismo, exceptuando aquéllos países que están en guerra.

Según cifras oficiales, desde diciembre de 2006 a noviembre de 2012 se cometieron 102.696 homicidios en el país y el Alto Comisionado de las Naciones Unidas hizo referencia a 151.233 hasta agosto de 2015.

Aunque la cantidad anual de estos delitos se ha reducido desde 2013, la cifra sigue siendo alta. A 30 de septiembre de 2015, el Estado mexicano reportaba 26.798 personas "no localizadas" o desaparecidas a nivel nacional y en algunas entidades federativas existe una tendencia al alta.

Y remata el informe:

"Las falacias en las investigaciones sobre desapariciones son graves y múltiples.

La actual crisis de graves violaciones de derechos humanos que atraviesa México es, en parte, consecuencia de la impunidad que persiste desde la "Guerra Sucia" y que ha propiciado su repetición hasta hoy en día.

Muchos casos de desaparición no se denuncian debido a la desconfianza de los familiares en la capacidad de respuesta del Estado o su temor a sufrir represalias y en los casos donde sí hay denuncia, la respuesta de las autoridades presenta graves deficiencias.

En este contexto, en todos los lugares que la CIDH visitó durante su visita se reunió con víctimas, familiares y defensores, quienes describieron los obstáculos que han encontrado en su búsqueda de justicia y su desconfianza en las autoridades.

Estas informaciones son consistentes con las investigaciones hechas por la CIDH en los últimos meses en México, así como con diversas fuentes nacionales e internacionales.

Los hallazgos por parte de los familiares de fosas con decenas de cadáveres resaltan que son ellos quienes, ante la inoperancia del Estado, han asumido la búsqueda de sus seres queridos, mientras que las autoridades no cumplen con su deber de investigar, encontrar, identificar y entregar a las víctimas con debida."

Las desapariciones forzadas de personas han ocurrido en México en diferentes momentos y con diversas intensidades, como en los años 60 en el contexto de la llamada "Guerra Sucia" hasta finales de los 80 y actualmente ha aumentado de forma dramática en el país.

Especialmente grave es la información amplia y consistente recibida por la CIDH a través de sus distintos mecanismos sobre la existencia de una práctica de desapariciones forzadas a manos de agentes del estado o con la participación, aquiescencia o tolerancia de las mismas.

Cifras aportadas por el Estado a organismos internacionales apuntan a que en México sólo, se han emitido seis sentencias en el ámbito federal por el delito de desaparición forzada.

Mediante nota OEA-0028 de fecha 30 de enero de 2015, el Estado mexicano extendió *"una invitación a la CIDH para practicar una visita in loco a México durante el curso del año 2015, con el objeto de analizar la situación de los derechos humanos en el país".*

Mediante nota OEA-02073 de fecha 23 de junio de 2015, el Estado mexicano propuso que la visita se realice entre el 28 de septiembre y el 3 de octubre de 2015.

La Comisión, mediante comunicación de fecha 28 de julio de 2015, confirmó la realización de la visita *in loco* al país ente los días 28 de septiembre y 2 de octubre de 2015.

La CIDH realizó la visita *in loco* del 28 de septiembre al 2 de octubre de 2015 y observó sobre el terreno la situación de los derechos humanos en el país, con particular énfasis en desapariciones forzadas, ejecuciones extrajudiciales y tortura, así como la situación de inseguridad ciudadana, barreras en el acceso a la justicia e impunidad y la situación de periodistas, defensores y defensoras de derechos humanos y otros grupos especialmente afectados por el contexto de violencia en el país.

Después de la invitación y aún antes, a través de varias visitas de miembros de la Comisión, la CIDH documentó la situación en México en las áreas referidas.

La delegación estuvo conformada por la Presidenta de la CIDH, *Rose-Marie Belle Antoine*; el Primer Vicepresidente, *James Cavallaro*; el Comisionado Felipe González y las Comisionadas *Tracy Robinson* y Rosa María Ortiz.

Asimismo, integraron la delegación el Secretario Ejecutivo, Emilio Álvarez Icaza Longoria; la Secretaria Ejecutiva Adjunta, *Elizabeth Abi-Mershed*; el Relator Especial para la Libertad de Expresión, Edison Lanza y otros miembros de la Secretaría Ejecutiva de la CIDH 18.

La Comisión Interamericana se entrevistó con autoridades gubernamentales de los tres poderes del Estado y los distintos niveles de gobierno y se reunió con representantes de la sociedad civil, órganos autónomos, organismos internacionales, académicos y periodistas.

Asimismo, recabó testimonios de víctimas de violaciones a los derechos humanos y sus familiares. La delegación visitó la Ciudad de México, Coahuila, Guerrero, Nuevo León, Tabasco y Veracruz.

Hay que reconocer como un avance que, como en pocas ocasiones, un gobierno mexicano haya invitado a la CIDH a que visitara nuestro país desde la llamada "guerra sucia."

Es lamentable que en nuestra historia, el Estado se haya distinguido por intervenir y regular la economía y en lo que es su tarea fundamental que es la defensa de los derechos humanos y la impartición de justicia, se encuentre plagada de instantes de debilidad institucional y errores de investigación.

La mayoría de nuestro sistema de justicia se encuentra corrompido. Tenemos cárceles llenas de personas inocentes pero sobre todo pobres, porque la justicia solo existe para quien puede pagar abogados y mordidas a autoridades penitenciarias y no para quien no tiene recursos.

Los gobernantes le tienen miedo a entrarle al problema de corrupción e inseguridad, pero no lo tienen para proteger sus intereses económicos a través del chantaje y los moches.

Y aquí entramos a otros de los problemas fundamentales que tiene México, la falta de trasparencia y corrupción.

En México es frecuente que al solicitar información a las autoridades sobre contratos, gastos en obras, eventos o detalles de funcionarios involucrados en irregularidades, la respuesta frecuente es, *"no se puede proporcionar porque los datos son inexistentes o han sido clasificados como secretos."*

A pesar de los avances en transparencia de información pública, en el país aún persiste un alto grado de opacidad o incluso simulación de algunas dependencias públicas, coinciden los especialistas, y una de las consecuencias es que hace más difícil el combate a la corrupción.

De hecho, según la organización "Transparencia Internacional", en 2013 México todavía ocupaba el lugar 106 en su Índice de Percepción de la Corrupción que evalúa a 177 países, aunque ya para 2015 bajó al número 95 lo que representa un avance, pero todavía insuficiente para un país con tantas desigualdades.

Confío en la honestidad y ética de trabajo de intelectuales, como mi amigo Gerardo Laveaga, para impulsar los trabajos necesarios para mejorar la trasparencia en nuestro país.

Un lugar común en los discursos y ahora también en el argot popular es el tema de la corrupción en México, pero pocas veces se analiza en profundidad el origen de la misma.

Se considera que la corrupción es el origen de la pobreza y la desigualdad que nos rodea, sin embargo existen ejemplos de países como Italia, Japón, Corea o China que son corruptos y sin embargo tienen crecimiento sostenido desde hace bastante tiempo, a la vez que menos pobreza.

Otra de las afirmaciones comunes es que si la corrupción es un problema cultural traído por los españoles a tierras precolombinas o si es parte de la maldad inherente al ser humano.

Y es el crítico literario y de la cultura Británica *Terry Eagleton*, quien se aproxima de una manera importante al origen del problema cuando en su libro *"Sobre el Mal"*, el autor enuncia en el capítulo tercero llamado *"Los consuelos de Job"*, su tesis principal:

"La mayoría de perversidades malintencionadas son de origen institucional. Son el resultado de unos intereses creados y de unos procesos anónimos y no de los actos malignos de unos individuos."

"Se trata de dar cuenta del mal desde una perspectiva ética, institucional y política y no desde una malignidad que estaría fuera del alcance de la razón humana, materialista", dice *Eagleton*.

El problema está precisamente en lo que hasta ahora hemos mencionado sobre la sobre regulación institucional como una forma de quitar tiempo para cualquier trámite que deseamos llevar a cabo.

Según varíe el costo de la hora de una persona, casi nadie desea perder tiempo una tarde para arreglar un problema administrativo en cualquier oficina de gobierno.

El tiempo es uno de los factores más importantes que dan origen a la corrupción institucional. Nadie quiere pasar por el viacrucis que representa hacer un trámite en México.

Tanto la obstrucción como lograr el aceleramiento de los tramites es lo que hace posible que las personas prefieran dar la famosa mordida para ahorrarse tiempo.

Según el reporte *Doing Business 2016*, que mide la facilidad para realizar negocios en 189 países, las economías dónde es más fácil realizar negocios no son aquellas cuyos gobiernos cuentan con un sistema regulatorio "inteligente".

Nuestro país mejoró sustancialmente desde 2014, donde ocupábamos la posición número 53 y ahora en el último reporte pasamos a la posición 38 entre 189 países.

La realidad regulatoria de un emprendedor mexicano es similar a la de países como Bulgaria (lugar 38) o Croacia (40). Sin embargo es superado por muchos países cuyos ambientes regulatorios sobre los negocios ofrecen mejores condiciones a sus emprendedores.

El *Ranking* de facilidad para hacer negocios lo encabezan Singapur, Nueva Zelanda, Dinamarca, Republica de Korea, Hong Kong/China, Reino Unido, Estados Unidos, Suecia, Noruega y Finlandia.

Como bien señala *Susan Rose – Ackerman,* catedrática de Derecho y Ciencias Políticas en la Universidad de Yale en su libro, *"La corrupción y los gobiernos. Causas, consecuencias y reforma",* los alicientes a la corrupción existen porque los funcionarios estatales tienen el poder de prestar escasos servicios e imponer costes onerosos.

Ella propone una reforma basada en alicientes que reducen los beneficios o aumentan los costes de los actos ilegales y propone seis puntos concretos:

Eliminación de programas.

Privatización.

Reforma de los programas públicos.

Reforma administrativa.

Efecto disuasorio de las leyes anticorrupción.

Sistemas de adjudicación

Actualmente se debate sobre la creación en México de un Sistema Nacional Anticorrupción.

En una entrevista del periódico *El Economista,* el Dirigente de la Confederación Patronal de la República Mexicana (COPARMEX) Gustavo de Hoyos, señaló:

"La sociedad mexicana no cesará en su batalla para que los senadores aprueben un Sistema Nacional Anticorrupción (SNA) con sus siete leyes antes del 28 de mayo del 2016."

El dirigente empresarial reprochó que la corrupción sea un gran obstáculo que paraliza y frena el crecimiento de la economía, pero sobre todo constituye un lastre para las empresas y las familias mexicanas.

Según estimaciones del Banco Mundial, los niveles de corrupción e impunidad cuestan a México casi el 10% del Producto Interno Bruto (PIB).

En su estudio empírico en cuanto al desarrollo económico, la Fundación Grupo Mayan a través de los analistas *James A Robinson* y *Francis Fukuyama,* llevó a cabo una recopilación de trabajos que se publicaron a manera de libro con el nombre *"La brecha entre América Latina y Estados Unidos. Determinantes políticos e institucionales del desarrollo económico."*

Aquí el Estado de Derecho es fundamental para el crecimiento de una economía emergente como México. Se ha demostrado que los derechos de propiedad tienen un gran impacto causal en los ingresos.

En América Latina muchas Constituciones políticas no garantizan esos derechos, ya que por interés público se puede expropiar cualquier propiedad.

Es categórico cuando Fukuyama afirmó *"las instituciones importan".*

En este contexto las instituciones incluyen los derechos de propiedad, la credibilidad en materia de aplicación de contratos, el imperio de la ley y la existencia de mecanismos en la resolución de conflictos.

El Premio Nobel de Economía de 1993 *Douglas C. North* es reiterativo en señalar cómo las instituciones económicas afectan al crecimiento o el estancamiento de un país, ya que las instituciones le dan forma a la interacción humana.

En nuestra Constitución los derechos de propiedad tienen una historia de ambigüedad, como ya señalamos en la parte histórica.

Basándose en el artículo 27 de la Constitución de 1857, el correspondiente a la Constitución de 1917 señalaba en su redacción original y en la parte correspondiente a los derechos de propiedad:

"La propiedad de las tierras y aguas comprendidas dentro de los límites del territorio nacional corresponde originariamente a la nación, la cual ha tenido y tiene el derecho de transmitir dominio de ellas a los particulares, constituyendo la propiedad privada.

Las expropiaciones solo podrán hacerse por causa de utilidad pública y mediante indemnización.

La nación tendrá en todo tiempo el derecho de imponer a la propiedad privada las modalidades que dicte el interés público, así como el de regular el aprovechamiento de los recursos naturales susceptibles de apropiación, para hacer una distribución equitativa de la riqueza pública y para cuidar de su conservación..."

Como puede notarse, la Constitución de 1917 considera todos los recursos naturales (tierra, agua y subsuelo) como propiedad originaria de la nación, pudiendo ser transferida en su dominio a los particulares para constituir la propiedad privada.

Sin embargo, al igual que la que le antecedió, esta Constitución señala la prerrogativa que tiene el gobierno para expropiar la propiedad privada con sólo considerarla como de utilidad pública, sin especificar lo que tiene que entenderse por "utilidad pública".

A lo anterior es necesario agregar lo señalado en el tercer párrafo de este artículo que indica que *"la nación tendrá en todo tiempo el derecho de imponer a la propiedad privada las modalidades que dicte el interés público... para hacer una distribución equitativa de la riqueza pública..."*

Issak Katts, en un estudio que llevó a cabo en el Instituto de Investigaciones Jurídicas de la UNAM sobre los derechos de propiedad señala:

"Esta disposición constitucional, al no definir con precisión los derechos privados de propiedad y con la propiedad privada sujeta a la expropiación prácticamente arbitraria, con sólo señalar que se hace por causa de utilidad pública, así como sujeta este tipo de propiedad a las modalidades que dicte el

interés público nuevamente, sin definir qué es lo que se puede entender por esto.

Y que por lo mismo derivan en que el llamado interés público, se constriña al interés y preferencias del presidente de la república, implican que el gobierno puede violar, constitucionalmente, los derechos privados de propiedad, por lo que el riesgo expropiatorio para la inversión privada es relativamente alto. La existencia de este riesgo tiene el efecto de inhibir el ahorro y la propia inversión que pudiera realizar el sector privado, lo que va en detrimento del desarrollo económico.

El que la Constitución permita la acción arbitraria del gobierno en materia de expropiaciones, como fue la de la banca comercial en 1982, se conjuga con una modificación muy importante que se introdujo en la Constitución de 1917 respecto a lo dispuesto por la de 1857, cambio que está íntimamente ligado con los derechos privados de propiedad y en lo relativo a la indemnización por la expropiación.

Mientras que en la Constitución de 1857 se señalaba que la expropiación de la propiedad privada podía hacerse "previa indemnización", en la de 1917 se especificó que la expropiación podía llevarse a cabo "mediante indemnización."

Esta modificación, que cambió "previa" por "mediante" y que en apariencia no debería tener mucha importancia es, sin embargo, crucial para el inversionista privado.

En la redacción del artículo 27, el Constituyente, al especificar "mediante" buscó que no quedase una laguna legal respecto a que por toda expropiación de la propiedad privada "mediara" una indemnización.

Aunque una expropiación fuese hecha efectivamente con el objeto de proveer un bien o servicio público y por lo tanto fuese justificable, al señalarse constitucionalmente que esta será "mediante indemnización", en lugar de "previa indemnización", permitió al gobierno dar una interpretación temporal a la palabra mediante."

Y continúa Katz:

"Esta particular interpretación de la frase "mediante indemnización", tomó cuerpo en la Ley de Expropiaciones promulgada en 1936, que en el artículo 20 señala que la autoridad expropiante fijará la forma y los plazos en que la indemnización deberá pagarse, los que no abarcarán nunca un periodo mayor de diez años.

Así, esta interpretación permite que el gobierno pueda diferir el pago de la misma e inclusive sujetarlo a la situación particular que tengan las finanzas públicas en el momento de la expropiación, tal como sucedió durante la expropiación petrolera en 1938 y la bancaria de 1982.

Por ejemplo, en la jurisprudencia dictada por la Suprema Corte de Justicia, ante el amparo interpuesto por la Compañía Mexicana de Petróleo El Águila S. A. en contra del decreto de expropiación de la industria petrolera, se sentó que cuando el Estado expropie con el propósito de llenar una función social de urgente realización y sus condiciones económicas no permitan el pago inmediato de la indemnización, como debe hacerse en los demás casos, puede constitucionalmente ordenar dicho pago dentro de las posibilidades del erario."

Es entonces el Estado Mexicano el que en todo momento pone límites a la propiedad cuando sabemos que esta es un derecho natural que le pertenece a la persona, como bien señala Carlos Elizondo Meyer Serra en su libro "La importancia de las reglas":

"En un país en el que la propiedad esté más claramente garantizada "ceteris paribus", los propietarios tenderán a ser más independientes del gobierno.

En el caso opuesto, mediante su facultad discrecional para decidir quién obtiene qué, el gobierno tenderá a reprimir el desarrollo de una clase de propietarios más autónoma.

En este tipo de propiedad privada puede seguir siendo un elemento fundamental de la organización social, pero otorga a los propietarios un grado de independencia menor."

Ese derecho del Estado de dar concesiones, privilegios, limites, premios, gratificaciones y compensaciones, son historia de una infamia contra uno de los derechos más importantes con el que cuentan las personas como es la propiedad.

Cualquier inversión conlleva un riesgo mayúsculo porque no existe seguridad sobre la misma.

Esas bases Constitucionales son frágiles para garantizar que podemos convertirnos en una potencia económica. La riqueza no nace de la nada, sino que es la consecuencia natural de una serie de medidas a implementar a largo plazo asumiendo los riesgos correspondientes, aparte de una serie de alianzas estratégicas que garanticen un resultado positivo y la garantía de que el capital invertido originalmente será multiplicado.

Nada eso es posible si nuestra Constitución no garantiza la seguridad sobre la propiedad privada.

Bien lo señaló el Maestro y economista *Ludwig Von Mises*, *"Si la historia pudiera enseñarnos algo, sería que la propiedad privada esta intrínsecamente vinculada con la civilización."*

Esta inestabilidad sobre los derechos de propiedad es lo que ha hecho que tengamos un sector informal que crece día a día, no solo en nuestro país sino en todo Latinoamérica y en algunas otras partes del mundo, como bien señala Hernando de Soto en su libro *"Los misterios del Capital":*

"El estallido de la actividad extralegal en el Tercer Mundo, la invasión masiva en las áreas rurales, las expandidas ciudades ilegales: pueblos jóvenes en Perú, favelas en Brasil, ranchos en Venezuela, barrios marginales en México, bindovilles en las ex colonias francesas y shantyrowns en las ex colonias Británicas, son mucho más que una marea demográfica de pobreza o aun de ilegalidad.

Estas oleadas de extralegales que se estrellan contra las campanas de vidrio del privilegio legal, bien podrían ser el más importante factor que está obligando a las autoridades a acoger la revolución industrial que ya tienen encima".

Esa informalidad crece porque es más rápido emprender fuera de los márgenes de la legalidad sabiendo que el dinero estará mejor cuidado si se intercambia en el mundo clandestino.

Muchos de los productos nacidos en el mundo capitalista, no tendrían por qué conocer las rutas de la informalidad si en los países que recorren en su viaje de distribución encontraran los mecanismos legales, pero sobre todo rápidos, que les permitieran competir en un mundo cada vez más conectado.

Ahí surge el tema de la fortaleza de nuestras instituciones para garantizar esas "zonas libertarias" que permitan el libre comercio.

En *"Desarrollo y Libertad"*, un libro aparecido en el año 2001 y escrito por el Premio Nobel de Economía *Amartya Sen*, se afirma:

"Los individuos actúan en un mundo de instituciones.

Nuestras oportunidades y perspectivas dependen sobre todo de las instituciones que existen y de cómo funcionan.

Las instituciones no sólo contribuyen aumentar nuestra libertad, sino que su papel puede evaluarse de manera razonable a la luz de su contribución a aumentarla.

La concepción del desarrollo como libertad permite evaluar sistemáticamente las instituciones".

Solemos vivir en lo que otro Premio Nobel de Economía, *James M Buchanan*, describió como la "Anarquía Constitucional" en su libro *"Los límites de la Libertad"* y señala:

"Descriptivamente vivimos en lo que se podría llamar una Anarquía Constitucional donde la amplitud y alcance del gobierno federal en la conducta individual dependen en gran medida de las preferencias accidentales de los políticos que ocupan puestos influyentes en el poder judicial, en el legislativo y en el ejecutivo.

Cada vez más, los hombres están a merced de una burocracia sin rostro e irresponsable, sujetos a giros imprevisibles que destruyen y distorsionan las expectativas personales y dan pocas opciones de reparación o retribución."

Esa lucha constante del individuo para conseguir su libertad lo lleva a desdeñar la ley y a no querer cumplirla porque esta lo sofoca y denigra.

El exceso de regulaciones nos ha llevado a que en los Congresos, cada determinado tiempo a algún Diputado o Senador distraído le venga la idea de reformar leyes o dar nacimiento a nuevas, cuando sabemos que muchos de ellos ni siquiera tienen estudios de derecho y eso es lo de menos, siempre y cuando la representación nacional sea en defensa de los intereses ciudadanos y no solo en interés de los Partidos Políticos que representan.

Estos días ha surgido el tema de los *Panama Papers*, donde un despacho en la ciudad de Panamá dio a conocer a un grupo reconocido de políticos y empresarios que utilizaban ese país como destino de depósito de dinero en empresas llamadas *offshorts*.

El Consorcio Internacional de Periodistas de Investigación (ICIJ), del que forman parte varios periódicos del mundo, recibió una carta de fuente anónima que filtró los *Panama Papers*.

Un año atrás, esa fuente le acercó más de 11,5 millones de documentos al diario alemán *Süddeutsche Zeitung*, que decidió contactar al ICIJ para organizar una investigación mundial.

Hoy, esa fuente reservada explicó sus motivos y aseguró que no trabaja para ningún gobierno o agencia de inteligencia.

Hay que aclarar algo, tener una sociedad *offshore* no es ilegal, salvo que se pruebe que está vinculada al lavado de dinero o la evasión fiscal.

El tema de los paraísos fiscales es un tema que existe desde hace muchos años, existiendo también una literatura muy amplia sobre el tema. Ahora lo único que sucedió es que se le dio un sesgo de investigación donde de forma simultánea, muchos medios de comunicación del mundo le dieron difusión para su ampliar su estrella periodística.

Según la Organización para la Cooperación y Desarrollo Económico, OCDE, un paraíso fiscal es un "instrumento de competencia fiscal perjudicial", dicho de forma más precisa, son territorios de baja o nula tributación que mediante normas específicas internas garantizan la opacidad de las transacciones.

Las condiciones beneficiosas de los paraísos fiscales en el mundo están más para los no residentes que alojan allí sus cuentas que para los residentes.

Los paraísos fiscales en el mundo son una buena salida para que muchos países aumenten el flujo económico dentro de sus fronteras y grandes riquezas se asienten en estas zonas a cambio de favores. Estos ofrecen a empresas y ciudadanos protección del secreto bancario y comercial y gracias a una infraestructura jurídica, contable y fiscal, se permite la libertad de movimiento de personas y bienes.

En la actualidad existen alrededor de 73 paraísos fiscales por todo el mundo, desde islas del Pacífico como Fiji, Vanatu, Islas Cook o Islas Salomón, pasando por islas británicas como Jersey, Guenersey o Man, países europeos como Malta, Suiza, Mónaco o Luxemburgo, hasta países asiáticos como Hong Kong, Singapur, Omán, Jordania, Líbano o Emiratos Árabes Unidos.

Ni siquiera Sudamérica, Centroamérica o África se libran de tener algunos de ellos.

Las Malvinas, Panamá, Trinidad y Tobago, San Vicente, Anguila, Antigua y Barbuda, Aruba, Jamaica o Liberia, son otros ejemplos.

Según informes de la ONG *Intermon Oxfam,* la tercera parte del Producto Interno Bruto Mundial se encuentra repartido en los Paraísos Fiscales. Este dato es muy importante sobre todo para las regiones más pobres, ya que habría más de 90.000 millones de euros que se podrían recaudar en impuestos.

Según la Organización para la Cooperación y el Desarrollo Económicos (OCDE), cuatro factores clave son utilizados para determinar si una jurisdicción es un paraíso fiscal:

Si la jurisdicción no impone impuestos o estos son solo nominales. La OCDE reconoce que cada jurisdicción tiene derecho a determinar si imponer impuestos directos. Si no hay impuestos directos pero sí indirectos, se utilizan los otros tres factores para determinar si una jurisdicción es un paraíso fiscal.

Si hay falta de transparencia.

Si las leyes o las prácticas administrativas no permiten el intercambio de información para propósitos fiscales con otros países en relación a contribuyentes que se benefician de los bajos impuestos.

Si se permite a los no residentes beneficiarse de rebajas impositivas, aun cuando no desarrollen efectivamente una actividad en el país.

Una característica de un paraíso fiscal es que en el mismo suelen convivir dos regímenes fiscales diferenciados y legalmente separados.

Por un lado, el que afecta a los residentes y empresas locales, los cuales están sujetos al pago de impuestos como en cualquier otro país y por el otro el de los no residentes, que gozan de ventajas fiscales y suelen tener prohibida cualquier actividad económica o de inversión dentro de su territorio.

Para facilitar la separación de estas dos economías paralelas, usualmente se cuenta con legislación e instituciones especialmente reservadas a los no residentes, como los bancos *offshore* o las sociedades IBC (*International Business Companies*).

Los Estados que son considerados paraísos fiscales por organismos internacionales como la Organización para la

Cooperación y el Desarrollo Económico OCDE, el G-20 y el Grupo de Acción Financiera Internacional GAFI, se caracterizan por eximir del pago de impuestos a los inversionistas extranjeros que guarden su dinero en sus cuentas bancarias o constituyan sociedades en sus territorios.

Los Estados que aplican estas normas que los dejan en la lista negra de paraísos fiscales, lo hacen regularmente con la intención de atraer divisas extranjeras para fortalecer su economía. Normalmente se trata de países pequeños con pocos recursos naturales y cuyas economías dependen de la industria financiera que crece a la sombra de los capitales extranjeros.

Este es el ranking elaborado por el Banco Mundial de los 10 países considerados como paraísos fiscales más populares:

Las Islas Caimán

Una isla de 700 KM cuadrados, con 350.000 habitantes en la que funcionan 584 bancos y cerca de 2.200 fondos especulativos y fondos de pensiones.

El flujo de capitales asciende a billones de dólares provenientes de extranjeros y unas 44.000 empresas que operan en su territorio.

Islas Bahamas

Un país conformado por 700 islas en el océano atlántico, al norte de Cuba, en el que hay 350 bancos y operan 58.000 empresas con capital extranjero.

Islas Bermudas

La isla forma parte del pico norte del famoso Triángulo de las Bermudas y allí funcionan 37 bancos y 11.000 empresas extranjeras.

Islas Barbados

En las islas Barbados funcionan 41 bancos, 362 compañías de seguros y 3.920 empresas. Tiene una población de 288.000 habitantes.

Aruba

Tiene 70 kilómetros cuadrados de superficie, 106.000 habitantes y en ella operan 17 bancos y 3.000 empresas con capitales de inversionistas extranjeros.

Islas Vírgenes

Son parte del archipiélago de las Islas Vírgenes y dependen de los Estados Unidos, en su territorio funcionan 30.000 empresas.

Belice

Un país ubicado al extremo noreste de Centroamérica con 356.000 habitantes y en el que funcionan 11.600 empresas.

Chipre

Es un estado miembro de la Unión Europea situado en la isla homónima en el mar mediterráneo.

En Chipre hay dados de alta 34 bancos y 41.000 empresas con capital internacional.

Liechtenstein

Un país formado por cuatro montañas en medio de los Alpes, con 35.000 habitantes, situado al norte de Europa, que limita con Suiza y en el que funcionan unas 8.000 empresas internacionales.

Luxemburgo

El séptimo país más pequeño de la Unión Europea pero es el más elegante y selecto de los paraísos fiscales.

En su territorio funcionan 320 establecimientos financieros, operan 1.200 fondos de pensiones y fondos soberanos y cuenta con más de 10.000 holdings y grupos de empresas y 55 bancos propios.

Lo que tenemos que preguntarnos es por qué después de tantas cumbres diplomáticas entre Jefes de Estado y de Gobierno no se ha establecido un acuerdo multilateral para hacer desaparecer los Paraísos Fiscales y desmantelar las redes de complicidad entre los hombres del poder y los hombres del dinero.

En este tema prevalece el mismo criterio de evasión que cuando se habla de legalizar la droga, como si las soluciones no existieran o existen, pero le damos su tiempo para nunca concretar una solución.

Lo señala claramente *Nicholas Shaxson* en su libro *"Las Islas del Tesoro. Los paraísos fiscales y los hombres que se robaron el mundo"*:

"El mundo extraterritorial nos rodea por todas partes."

Alrededor del 85% de la Banca Internacional y la emisión de bonos tiene lugar en el así llamado "Euromercado."

El mismo autor que fue la propia Auditoría General de los Estados Unidos (GAO por sus siglas en inglés) informó en 2008 que 83 de las 100 corporaciones más grandes de los Estados Unidos tenían filiales en paraísos fiscales.

La investigación que realizó el año siguiente la organización *Tax Justice Network* (Red Justicia Fiscal) basándose en la definición más amplia de extraterritorialidad reveló que 99 de las 100 empresas más grandes de Europa se valían de filiales extraterritoriales *offshore*.

Una de las respuestas que encuentro al uso de estos instrumentos jurídicos que protegen capitales es que no son ilegales salvo que el origen de su existencia lo sea y que por lo tanto existen solo para quienes tienen las posibilidades de pagar los honorarios de grandes despachos contables especializados a los que no tiene acceso la mayoría de los emprendedores.

El tema de la imposición del fisco es un tema muy estudiado y que a nadie agrada porque es una medida coercitiva con la que cuenta el Estado para ejercer su poder sobre el ciudadano.

Lo que es claro y evidente en el tema de la evasión, sobre todo por parte de particulares, y preferir paraísos fiscales fuera de su domicilio empresarial es, que en sus países encuentran "infiernos fiscales".

Un infierno fiscal se caracteriza por el exceso de carga fiscal en unos cuantos y por lo regular, los más afectados son las personas físicas que están bajo una nómina y los grandes corporativos tienen la capacidad de evadir impuestos por la contratación de grandes despachos o por favores especiales por parte del gobierno.

Las misceláneas fiscales que tenemos año tras año y que son aprobadas por el Congreso son un misterio para los propios abogados fiscalistas y contadores.

El uso de un lenguaje sofisticado que cambia todo el tiempo vuelve imposible que un pequeño contribuyente encuentre la mejor estrategia para hacer crecer su negocio.

Tuve la oportunidad de participar en las mesas de trabajo de la Comisión Nacional Hacendaria por el año 2003 en la ciudad de Juriquillas, Querétaro, durante el gobierno del Presidente Vicente Fox y me di cuenta de que prevalecían tres criterios para una gran reforma hacendaria:

El criterio de los académicos, que estaba basado en fórmulas e ideas un tanto abstractas las cuales no era muy fácil aterrizar.

El criterio de los funcionarios públicos, los cuales tenían un criterio 100% recaudatorio. Lo único importante era a quién quitarle más o menos y crear un modelo de impuesto progresivo.

El criterio con el que simpaticé desde un principio, que fue el que presentaron la COPARMEX y la mayoría de los empresarios y que era un modelo impositivo generador de riqueza. Atacar los privilegios, evitar fórmulas oscuras discrecionales, regímenes especiales, informalidad sobre regulación y muchos vicios más, que venimos arrastrando desde hace años y que solo generan incertidumbre y desconfianza entre los contribuyentes.

Es tal el hartazgo de muchos contribuyentes, no solo en México sino en otras partes del mundo ante la realidad de un mundo más pequeño, comunicado y plano que existen iniciativas muy revolucionarias y libertarias, con las que simpatizamos, donde las regulaciones al libre mercado o la fiscalidad simplemente no existan.

El proyecto, que llevará el sello de *Patri Friedman*, nieto del Nobel de Economía *Milton Friedman*, pretende apuntalar en la historia a su saga familiar y llevar a la práctica las teorías anarco capitalistas de su padre y abuelo creando ciudades flotantes en aguas internacionales a las que se les aplicará una bandera de conveniencia.

El principal socio capitalista de Friedman en esta aventura, utópica para unos y distópica para otros, es *Peter Thiel*, fundador de Ebay o PayPal y uno de los principales inversores de Facebook, quien ya ha aportado cerca de dos millones de dólares a la fundación que pretende hacer realidad la iniciativa, el *Seasteading Institute*.

Las ciudades flotantes instaladas sobre plataformas marítimas serán una suerte de micro estados, llamados *Seasteads*, sobre los que se crearán comunidades autónomas y permanentes que vivan al margen de la jurisdicción de los Estados.

Lo señala en un artículo Iván Gil del periódico *"El Confidencial"* de Argentina:

"La primera ciudad flotante impulsada por el Seasteading Institute, con sede en Silicon Valley, será una plataforma de oficinas frente a la costa de San Francisco, bajo el nombre de Blueseed y estará diseñada para la experimentación y la innovación de sistemas sociales, políticos y jurídicos", en palabras de *Friedman*, que actualmente trabaja junto a *Larry Page* en Google.

Un centro de trabajo ajeno a la legislación estadounidense, libre de trabas burocráticas, por ejemplo para conseguir todos los permisos de trabajo que necesitan los ingenieros extranjeros.

Allí, ni las patentes ni los impuestos ni la regulación *"serán trabas para el desarrollo"*, explican. La plataforma en cuestión estaría situada a 12 millas de *Silicon Valley*, por lo que el transporte se haría en barco y apenas supondría un desplazamiento de media hora.

El 70% de la superficie del planeta son aguas internacionales, un vasto territorio para llevar a cabo esta utopía anarco capitalista y que escapa, al menos de momento, de las jurisdicciones estatales.

Sin embargo, hasta el momento no se ha creado un estado en alta mar que haya sido reconocido como una nación soberana. El ejemplo más cercano a la par que perturbador es el del Principado de Sealand, una plataforma marítima localizada a 10 kilómetros de las costas británicas y autoproclamada como territorio soberano propio.

El principal objetivo que tienen ahora los "señores de Silicon Valley", es establecer vínculos diplomáticos con los Estados tradicionales. Su intención pasa por legitimar estas comunidades e integrarlas en la dinámica política global.

Como proponía *Balaji Srinivasan*, CEO de *Counsyl*, en una reciente conferencia:

"Nosotros no tratamos de reformar una empresa desde dentro, sino que la abandonamos para crear nuestra propia Start Up. ¿Por qué no vamos a hacer esto mismo con los países?"

Ni que decir tiene que sus palabras arrancaron una sonada ovación entre el público presente.

Larry Page, el CEO de Google, también ha defendido indirectamente las ciudades flotantes:

"Hay un montón de grandes proyectos que podríamos desarrollar, pero que no se acaban llevando a cabo por problemas legales. Como especialistas de la tecnología, deberíamos disponer de lugares en los que pudiésemos innovar y ensayar con cosas nuevas, sin tener que rendir cuentas a nadie."

El intercambio y las manifestaciones comerciales poco a poco buscarán mayores espacios de libertad para evitar ser regulados por un Estado de Derecho cuya única tarea será la de defender la propiedad y dejar de ser el gran juez regulador y rector de la vida económica.

Desde 2016, con el triunfo cuestionado de Felipe Calderón, México entró en una espiral de violencia provocada por una política errática de seguridad pública que inició con un problema serio de narrativa.

Se nos habló de que México libraría una "guerra" contra los Carteles de la droga.

Desconozco algún otro político en la historia del mundo que haya convocado a una guerra dentro de su propio territorio. Pero al margen de si la famosa guerra se inició para legitimar a su gobierno, existen varios criterios que hay que tomar en cuenta para evaluar el problema de inseguridad y violencia que vivimos en nuestro país y desde ahí ir desglosando cuales han sido los daños colaterales que se hubieran podido evitar con un poco de buen juicio.

"El Arte de la Guerra" sigue siendo, por mucho, uno de los libros más estudiados en las Escuelas Militares.

Entre sus principios más recordados existen tres que son referentes y que nos dan luz sobre el momento de querer iniciar una guerra y que, por lo visto, se pasó por alto en el gobierno panista de Calderón:

La mejor guerra es la que no se lleva a cabo.

La justificación del gobierno fue que no existía ningún otro camino para terminar con los Carteles sin embargo no existían las bases mínimas para tomar decisiones de ese tamaño.

La lucha contra el narcotráfico no es un asunto de guerra sino de seguridad pública.

No se tenía una ley de seguridad nacional ni la estructura jurídica que protegiera a nuestro glorioso ejercito de salir a las calles de México a una "guerra" no convencional sino a un enfrentamiento más en la línea de guerra de guerrillas urbanas.

Además, estos tipos de enfrentamientos deben ser simétricos, entre iguales, y no por iniciativa de políticos que no conocen los elementos mínimos de lo que es estar en combate.

Hay que conocer al enemigo.

No es posible que en su tercer año de gobierno, durante una visita que hizo a España, el entonces Presidente Calderón dijera que no conocía el poder real de los Carteles. Y es que el operativo Michoacán fue solo una movilización militar sin planificación, que tumbó el panal y dejó a las abejas sueltas.

Nunca libres una guerra que no vas a ganar.

Este tercer punto es el que considero más crucial para entender el error de estrategia del gobierno panista.

Los daños colaterales han sido mayúsculos, porque aunque el tema ha sido el combate al crimen organizado y los Carteles de la droga, el tráfico no se detuvo y el número de los Carteles mexicanos aumentó, aparte de que la violencia, el secuestro, el asalto, los robos y muchos más crímenes aumentaron por la violencia desatada en nuestras calles.

Muchos dirán que las intenciones fueron buenas, pero en asuntos de Estado eso no basta. En una economía que no crece, el 90% de los reclutados por el crimen organizado son jóvenes y migrantes que no encuentran una oportunidad de empleo digno y en su desesperación se van a empuñar un arma.

El debate está más que agotado, la lucha contra las drogas es un problema internacional que no puede ser combatido por un solo país.

No es solo el delito de siembra o trafico sino también es un asunto de salud pública, lavado de dinero e incluso en los Estados fronterizos, un asunto cultural que vemos reflejado en los narcocorridos y las teleseries donde se muestra la vida de los narcotraficantes.

No hay que olvidar tampoco que alrededor de ese delito y de la agenda monotemática del gobierno existen otros 23 delitos de los que se habla poco pero que ahí están latentes.

En su libro *"Vacíos de Poder"*, Edgardo Buscaglia señala los siguientes:

Actos de terrorismo.

Contrabando de bienes y servicios diversos.

Ejecuciones de funcionarios públicos.

Extorsión.

Falsificación de dinero/bonos/valores.

Falsificación de documentos.

Fraudes de tarjetas de crédito.

Homicidios calificados.

Infiltración patrimonial.

Lavado patrimonial (de dinero y otro tipo de patrimonio).

Lenocinio.

Lesiones.

Piratería de productos diversos.

Pornografía.

Robo de Vehículos.

Secuestro.

Tráfico de armas.

Trafico de cigarros.

Tráfico de estupefacientes.

Tráfico de indocumentados.

Tráfico de material radioactivo.

Tráfico de personas.

Trata de personas.

Buscaglia afirma que según archivos de la PGR, salvo el delito de tráfico de material radioactivo, los grupos criminales incurren en todo tipo de estos delitos.

Y es que México se convirtió en pocos años en un tránsito territorial para operar y llegar a la frontera de los Estados Unidos. Desde que este país blindó las rutas del Caribe todo se ha hecho desde territorio mexicano. Así queda asentado en el libro del Ex Director del CISEN, Guillermo Valdez Castellanos *"Historia del Narcotráfico en México."*

No podemos caer en agendas ajenas cuando en nuestra suprema soberanía podemos defender la integridad de nuestro territorio y de nuestras familias.

En nuestro "Manifiesto Libertario", el Estado Mexicano tiene que jugar un papel activo en materia de seguridad pública. Y proponemos varios ejes que nos permitan un proyecto integral de Seguridad democrática:

Ley de Amnistía para narcotraficantes.

Participación ciudadana.

Autonomía del Poder Judicial.

Frentes de Acción comunitaria.

Filosofía preventiva de tolerancia cero.

Endurecimiento de penas a los delitos.

Ley de Amnistía

Fue mi amigo Tamaulipeco Juan Antonio Guajardo Anzaldua, quien me comentó que una Ley de Amnistía era la única posibilidad de dar los primeros pasos para la pacificación de nuestro país.

Una Ley que tuviera una vigencia de un año y que permitiera a todas aquellas personas involucradas en algún tipo penal que hiciera referencia al tráfico de estupefacientes tener el tiempo de alejarse de ese mundo y reincorporarse a la legalidad.

Una tregua con las garantías suficientes es una solución para darle viabilidad al Estado mexicano en aquellos territorios donde es prácticamente intransitable.

Existen zonas del país donde es casi imposible vivir y no es suficiente con los rondines que llevan a cabo el ejército o la Marina.

Ya hace una década desde que la violencia ha ahuyentado la inversión, estancado el empleo y por lo tanto, nulificado el crecimiento económico.

Hoy vuelven a resonar aquellas palabras de los tiempos del General Porfirio Díaz, *"Orden, Paz y Progreso."* Si no tenemos eso seguiremos peleando con fantasmas.

El problema del narcotráfico y sus daños colaterales no pueden ser la lucha de un solo país, sino de acuerdos multilaterales. Mientras sigan vigentes leyes prohibicionistas será difícil detener los delitos.

La flexibilidad de las normas donde entra la libre voluntad es una condición de una sociedad abierta. La creación e interpretación de las normas debería ser más una facultad de la sociedad que del Estado.

Cuando las partes logran ponerse de acuerdo en qué normas deben de aplicarse en sus relaciones privadas (contratos voluntarios) y en quién debe interpretar el contenido de esas normas en caso de discrepancia (tribunales de arbitraje), el Estado no debe de intervenir en absoluto.

Como ha señalado Juan Ramón Rallo, *"la intervención del Estado, por arrogarse éste el monopolio de la violencia, debería quedar restringida a aquellas interacciones humanas que no tengan un carácter voluntario como el uso de la fuerza de una persona sobre de otra o en caso de que no se pongan de acuerdo de quién debe de ser el intermediario entre ellas. Las normas estatales deberían de tener un carácter subsidiario frente a la normativa de origen privado."*

Los daños colaterales causados en la famosa guerra contra las drogas son el resultado de leyes prohibicionistas que requieren una modificación inmediata, pero para pacificar se requiere una Ley que invite a una tregua a todas las partes.

Mi amigo Juan Antonio Guajardo fue un empresario y después un político comprometido con su comunidad y su país que cayó víctima de balas asesinas en su natal Rio Bravo, por asumir siempre posturas valientes, de riesgo, y seguramente desde donde se encuentre avalará con su peso moral lo que proponemos en nuestro "Manifiesto Libertario" para que, sin odios ni rencores, nos reconciliemos los mexicanos.

La participación ciudadana

Es uno de los elementos más importantes en el combate a la criminalidad.

Después de 25 años de no tener un manual de "Contrainsurgencia", el ejercito de los Estados Unidos, concretamente el General *David Petraeus*, llevó un trabajo en coautoría con Jaime F Amos que apareció a modo de libro.

No hay que olvidar que *Petraeus* fue Jefe del Ejército Conjunto de los Estados Unidos en Irak y ex jefe de la CIA, el servicio de inteligencia en nuestro vecino del norte.

Pues en síntesis, lo que se habla en el libro hace referencia, no a estrategias o tácticas de lucha armada en zonas urbanas, ni peleas cuerpo a cuerpo o el uso de armas químicas o artillería de cuerpos especiales, sino a que para atacar una insurgencia en las entrañas de una ciudad un 90% se debe hacer con la participación ciudadana.

Si en un país como Irak (donde los EE.UU. eran invasores por más que la narrativa fuera que iban a liberar a Irak de un Dictador) la participación social fue fundamental para la construcción de la paz después de la invasión, con más razón es posible en cuanto a lo que se refiere a apoyar a nuestro propio país y ser secuestrados por la delincuencia.

Autonomía del Poder Judicial

Según nuestro artículo 96 Constitucional es el Presidente de la República, con la ratificación del Senado, quien nombra a los Ministros de la Suprema Corte de Justicia y después de estos Ministros sale el Presidente de la Suprema Corte.

¿Qué autonomía puede existir entre estos dos poderes?

Es prácticamente inexistente.

Si a eso le añadimos que los criterios de selección son influenciados por agendas y tiempos políticos tenemos un problema serio al respecto.

Estos días mi amigo Armando Ríos Piter acaba de presentar una iniciativa al respecto. No podemos tener un Estado de Derecho donde no exista un auténtico equilibrio de Poderes. En el mismo combate al Crimen es imposible, dado que los criterios son más políticos que de justicia.

Actualmente la Constitución faculta al presidente de la República a presentar una terna de candidatos ante el Senado, quien tiene la facultad de elegir alguno de ellos. Previa comparecencia, el Senado designará al Ministro por una votación de las 2/3 partes de los miembros del Senado presentes.

Si en 30 días el Senado no adoptase una decisión, entonces ocupará el cargo de Ministro la persona que dentro de dicha terna designe el presidente de la República. Pero en caso de que el Senado rechace la totalidad de la terna, el presidente de la República someterá una nueva.

Si esta segunda terna fuese también rechazada por el Senado, entonces ocupará el cargo de ministro la persona que dentro de dicha terna decidiese el presidente de la República.

Este es el ejemplo más claro de la nula independencia que tiene el Poder Judicial del Ejecutivo con el texto constitucional que hoy tenemos.

En una entrevista que le hizo el periódico *"La Jornada"* al Procurador antimafia de Palermo *Antonio Ingroia*, este afirmaba:

"México tiene sistemas institucionales de combate a la mafia similares a los que Italia tenía hace 40 años y uno de los requerimientos para ser eficaces contra la delincuencia organizada es que los investigadores y magistrados sean independientes del poder político."

Ingroia fue alumno de los fiscales *Giovanni Falcone* y *Paolo Borcelino*, considerados personajes históricos en la lucha de la justicia italiana contra los grupos criminales de ese país, como la *Cosa Nostra* o *La Camorra*, entre otros, y a partir de esa perspectiva, desde 1992, ocupa la procuraduría antimafia de Palermo y ha encabezado investigaciones de manera directa contra el crimen en Sicilia.

Entrevistado antes de participar en el encuentro internacional *"Legalidad, delincuencia organizada y sociedad civil: historia y problemas"*, que organiza el Instituto Italiano de Cultura, mencionó que los vínculos entre grupos criminales de México e Italia podrían estar dándose por conducto de ciudadanos ítalo-estadunidenses.

Y remató:

"En Italia los fiscales y los jueces tienen la misma categoría, es la misma carrera y ambos están reglamentados por un organismo autónomo que se llama Consejo Superior de la Magistratura. El órgano que dirige esta institución tiene una composición mixta, donde la mayoría de sus integrantes son electos por los propios magistrados y una minoría proviene de la representación política. Sin embargo, la elección de magistrados, sus ascensos y todo, se decide en ese organismo autónomo.

En México se tiene un organismo que es la Subprocuraduría de Investigación Especializada en Delincuencia Organizada como la única institución antimafia y depende del Poder Ejecutivo.

Es la misma situación que en Italia hace 40 años.

En mi país, ahora que ha pasado el tiempo, se ha fortalecido la idea de que se tenía que especializar la lucha contra la mafia, entonces se crearon cuadros fuertes en todas las instancias, en la policía y la magistratura para combatir el crimen organizado.

Especialmente en 1991, cuando se aprobaron dos leyes que fueron fundamentales para que funcionara la lucha contra el crimen.

La primera instituyó la Dirección Investigadora Antimafia, que se ocupa específicamente de la lucha policial.

La segunda ley organizó la magistratura y hoy, en cada ciudad capital de cada región italiana existe una procuraduría y un cuerpo policial especializado, que se ocupa de la lucha contra la mafia pero además, en Roma existe la Procuraduría Nacional, que coordina todas las estructuras antimafia del territorio. Este puede ser un modelo utilizable en todos los países."

En nuestro "Manifiesto liberal" proponemos la autonomía total del Poder Judicial para evitar su contaminación por los laberintos cortoplacistas de la política.

Frentes de Acción Comunitaria

Como libertarios que somos evitamos todo tipo de regulación excesiva por parte del Estado y no es la excepción en el tema del control de ventas de armas.

Es un debate de muchos años y hasta ahora las conclusiones son que en los lugares donde menos control de ventas de armas existe, son menos violentos. Incluso en los Estados de la Unión Americana donde existen más ventas de armas, menos violencia hay en sus comunidades.

Sin embargo aquí el tema amerita que se debata mi propuesta y que asumamos un término medio en lo que llamo "zonas libertarias", ya que más de la mitad de los mexicanos desaprueban la liberación de la compra/venta de armas.

En el semanario digital *"Animal Político"* del 23 de diciembre de 2012, se muestra una encuesta de Parametria donde señala:

"La mitad de la población (51%) desaprueba la posesión de armas de fuego en los hogares.

Se ha dado un aumento paulatino en el nivel de rechazo. En Noviembre de 2002, el 44% de la población estaba en contra de tener un arma en casa, para 2006 el porcentaje bajó un punto porcentual, pero en Mayo de 2011, el porcentakije de población que se manifestó en contra, aumentó 8 puntos porcentuales."

Tal vez la percepción de incremento de la violencia en el país y la cobertura noticiosa de las masacres en el país vecino hayan contribuido al alza en la opinión de prohibir armas en los hogares en México.

Esta percepción es consistente. Al preguntarle a la gente su opinión respecto a la portación y posesión de armas, cinco de cada diez encuestados respondió en 2002 que las armas deben permitirse en casa pero no deben portarse y sólo tres de cada diez rechazó la posesión y portación de algún arma de fuego.

Para 2011, cuatro de cada diez mexicanos, aprobaba la posesión de armas en el hogar pero no la portación de las mismas. De 2006 a 2011, el porcentaje de mexicanos que opina que las armas nunca deben permitirse creció un 13% llegando al 38%.

De acuerdo con la investigación, *"U.S. Firearms Trafficking to México: New Data and Insights Illuminate Key Trenes and Challenges"*, la mayor parte (aproximadamente el 80%) de las 75 mil armas confiscadas al crimen organizado por las autoridades mexicanas en los últimos tres años fue adquirida en Estados Unidos.

Ante esta realidad surge una propuesta a debate de crear los Frentes de Acción Comunitaria.

Primero, por un sentido amplio de lo que es la libertad y de que, ante tanta violencia en muchos territorios rurales de México, la población se encuentre desprotegida ante el ataque a su integridad y su vida.

Mi Estado natal Tamaulipas y sus zonas intransitables nos han obligado a tener armas para defensa personal.

Los Frentes de Acción Comunitaria estarían supervisados por la Secretaria de la Defensa, no hay que olvidar que libertad debe llevar aparejada responsabilidad.

Se utilizaría un modelo similar al que se usó en Colombia con la creación de las "Convivir".

En Colombia se creó una Superintendencia llamada de Vigilancia y Seguridad Privada, entidad creada en 1994 durante la administración del Presidente Cesar Gaviria y adscrita al Ministerio de Defensa.

La idea es que el ciudadano sea capacitado para el uso de armas y junto con un grupo de compañeros de forma libre y responsable, sean apoyados por el Estado para que puedan tener acceso al uso de armas y poder llevar a cabo servicios especiales de vigilancia que operan en zonas de alto riesgo, para devolver la tranquilidad y convertirse en aliados de la fuerza pública. Se crean unas redes de información que permiten denunciar los hechos de alteración del orden público.

En Colombia los datos arrojan que se crearon aproximadamente entre 550 y 600 "Cooperativas de Vigilancia y Seguridad Privada" (conocidas como "Convivir"). Algunas funcionaban con una persona y otras hasta con 300 dependiendo de la zona, el área, el riesgo y la capacidad que tuvieran.

En esos años de la Presidencia de Cesar Gaviria, el Ministro del Interior Horacio Serpa precisaba el sentido de crear las "Convivir" para que los ciudadanos pudieran cumplir una actividad de cooperación con la Fuerza Pública en el propósito de brindar mejores márgenes de seguridad a los colombianos, particularmente en las zonas rurales.

El decreto 356 que creo las "Convivir" señalaba en su artículo 39 lo que era un "servicio especial" por parte de estos "Servicios Especiales de Vigilancia y Seguridad Privada" aquel que en forma expresa, taxativa y transitoria puede autorizar la Superintendencia de Vigilancia y Seguridad Privada a personas jurídicas de derecho público y privado, con el objeto exclusivo de proveer su propia seguridad para desarrollar actividades en áreas de alto riesgo o de interés público, que requieren un nivel de seguridad de alta capacidad.

En el parágrafo se considera especial un servicio de vigilancia y seguridad privada, cuando debe de emplear armas de fuego de uso restringido y actuar con técnicas y procedimientos distintos a los establecidos para otros servicios de vigilancia y seguridad privada, debiendo obtener aprobación del Comité de Armas del Ministerio de la Defensa Nacional.

La normativa en Colombia fue clara. Desde un comienzo las "Convivir" fueron autorizadas para uso de armas ofensivas, no sólo defensivas.

Aunque el ex Presidente Álvaro Uribe Vélez no fue el creador del decreto que hizo posible las "Convivir", siempre tuvo su total apoyo público y abierto desde que fue Gobernador de Antioquía, ya que esa región del país siempre estuvo amenazada por el avance del secuestro, de la extorsión y la violación general de los derechos humanos.

El 4 de diciembre de 2006, en una entrevista de radio, Uribe reiteró su anterior apoyo a las "Convivir", negó que fueran parte del inicio del paramilitarismo y afirmó que él asumió la responsabilidad de los 60 o 70 grupos "Convivir" que operaron en el departamento durante su gobernación.

Filosofía preventiva de tolerancia cero

El gobierno de la Ciudad de México contrató en los inicios del año 2000 los servicios del Ex alcalde de New York *Rudolph Guliani,* quien por varios millones de dólares vino a compartir sus experiencias sobre cómo había podido erradicar la delincuencia en una mega metrópoli.

Ya para esos años había tenido la oportunidad de leer un libro que se llama *"No más ventanas rotas. Cómo restaurar el orden y reducir la delincuencia",* publicado por el *Instituto Cultural Ludwing Von Mises A.C.* en la pluma de *George L Kelling* y *Catherine M. Coles,* que me costó 250 pesos.

¿Había necesidad de tanto gasto?

El libro sostiene una tesis muy clara. El desorden en una ciudad estimula la delincuencia.

Una ventana rota, un coche abandonado, una pared rayada con grafiti es una prueba clara de que a nadie le importa lo que sucede en ese barrio o comunidad.

Se hace relevancia de que un policía de calle, de a pie, es más eficiente que el que maneja una patrulla, porque se involucra más con los habitantes de los barrios y suburbios y tiene las experiencias que los habitantes sienten o padecen por parte de pandillas o delincuentes en potencia.

Y es que quien recurre a ciertos actos vandálicos, por pequeños que sean, son potenciales criminales en el futuro.

El desorden es entendido por los autores como el comportamiento incivilizado, burdo y amenazante, que perturba la vida, en especial la vida urbana.

La visión de *"No más ventanas rotas"* no es otra que pasar de la policía que se soporta en el sistema de justicia penal enfocada en el arresto, a la del "policía de a pie" que se involucra con la sociedad para prevenir los delitos.

El problema de la criminalidad no inicia con delitos graves.

Los resultados del "Experimento de patrulla de a pie" que se llevaron en *Newark* se publicaron en 1981.

Con base en las pruebas de *Newark* y en su propia investigación en 1982, *Kelling* y *James Q Wilson* publicaron un artículo en *The Atlantic* que trataba directamente sobre el significado de las actividades de la policía para el mantenimiento del orden e intentaba darlos a conocer al público. *"Ventanas rotas"* fue el título con el que se dio a conocer el artículo en el que *Kelling* y *Wilson* descubrieron el proceso en términos concretos:

Un vecindario estable de familias que se preocupan por sus hogares, que miran por los hijos de otros y fruncen el entrecejo ante intrusos indeseables, puede cambiar en unos cuantos años o hasta en unos cuantos meses y llegar a ser una selva inhóspita que asusta.

Un terreno está abandonado, la hierba crece, una ventana está destrozada, los adultos dejan de regañar a los niños traviesos, los chicos se envalentonan y se vuelven más traviesos, las familias de cambian de vecindario, gente sin arraigo llega a vivir ahí, los jóvenes se juntan enfrente de las tiendas, con el tiempo, un ebrio cae a la banqueta y se le permite que duerma ahí, los pordioseros abordan a los transeúntes...

Tenemos entonces EL Sistema de Justicia Penal (SJP) vs La Prevención con Base en la Comunidad (PBC):

El problema del crimen (SJP): Delitos graves. Mientras más grave sea el delito tal y como lo califican los métodos tradicionales, más energía deben dedicar las dependencias de justicia penal para combatirlo.

Desorden, temor, delitos graves (PBC): La gravedad la determinan el contexto, las prioridades del vecindario y hasta qué punto los problemas alteran a las comunidades.

Prioridades en el control del crimen (SJP): Aprehender y procesar a los infractores **(PBC).** Prevenir y controlar el crimen, restaurar y mantener el orden, reducir el temor de los ciudadanos.

El papel de los ciudadanos (SJP): Ayuda a la policía ya que el control del crimen se deja a los profesionales. La "ayuda" de los ciudadanos se limita a llamar a la policía, ser buenos testigos y declarar en contra de los delincuentes. Todo lo demás es vigilantismo.

Los ciudadanos son clave (PBC): El control del desorden, el temor y el crimen, tienen sus orígenes en la vida del vecindario. Los ciudadanos fijan normas y mantienen el orden y la policía y otros funcionarios los apoyan y ayudan, especialmente en emergencias.

Policía, procuradores, tribunales y correccionales, estructura (SJP): Organización centralizada.

Dependencias descentralizadas (PBC): Permiten respuestas flexibles a problemas locales.

Métodos (SJP): Procesos de casos individuales cuando ocurre el delito.

Planteamiento de solución de problemas (PBC): Identificar y resolver los grandes problemas dentro de los cuales se integran los casos individuales.

Uso del criterio (SJP): Se desalienta, no se le reconoce. Se supone que un poco de orientación es necesaria para la aplicación de la ley y requiere de reglamentos claros y precisos intentos para limitar/erradicar el uso del criterio con políticas de arresto obligatorio y castigo y sentencias determinadas.

(PBC): Fundamental e importante para las labores del control del crimen, los controles se desarrollan mediante intentos legislativos, leyes cuidadosamente diseñadas que atienden la complejidad de los asuntos; elaboración de lineamientos, procedimientos y reglamentos con colaboración de los ciudadanos y policías.

Orden vs intereses de libertad (SJP): Predominan los intereses de las libertades individuales. La mayoría de las infracciones no violentas deben tolerarse en nombre de las libertades individuales.

Equilibrio (PBC): Intereses de libertad no absolutos, sin balanceados, frente a la necesidad de mantener niveles básicos de orden para que funcionen las comunicaciones y los vecindarios.

Relaciones públicas - privadas (SJP): Policía imparcial y retirada, debe irrumpir en la vida de la comunidad lo menos posible.

Acción de la policía en apoyo de la comunidad (PBC): Los policías están estrechamente involucrados en la vida local pero también actúan justa y equitativamente de acuerdo con los principios legales establecidos.

El tema del orden de las ciudades es fundamental para entender el papel que los espacios y paisajes juegan en las emociones y comportamiento de las personas, tal y como afirma el psicólogo experimental experto en cartografía cognitiva, *Colin Ellard*, en su libro *"Ambientes de bienestar. La ciudad y la importancia en tu vida."*

Hoy en día existen montones de evidencias que sugieren que la exposición a paisajes naturales produce una gama de efectos benéficos que van, desde tener una mejor salud tanto mental como física hasta mejorar la relación con los vecinos y tener sitios de vivienda más felices y seguros.

El abogado y autor Joaquín Rueda Carrillo nos recuerda en su libro *"Inteligencia policial para la seguridad pública del Distrito Federal"*:

"La Comisión Interamericana de Derechos Humanos considera por seguridad ciudadana:

Que esta surgió fundamentalmente, como un concepto en América Latina en el curso de las transiciones a la democracia, como medio para diferenciar la naturaleza de la seguridad en democracia frente a la seguridad en los regímenes autoritarios.

En estos últimos, el concepto de seguridad está asociado a los conceptos de seguridad nacional, seguridad interior o seguridad pública, que se utilizan en referencia específica a la seguridad del Estado.

En los regímenes democráticos, el concepto de seguridad frente la amenaza de situaciones delictivas o violentas se asocia a la seguridad ciudadana y se utiliza en referencia a la seguridad primordial de las personas y grupos sociales."

Endurecimiento de penas a los delitos.

Una vez que se han transitado todos los caminos preventivos existen personas que llevan a cabo delitos graves y que encuentran en el crimen una forma de vida.

Secuestradores, violadores, asesinos seriales, pederastas y muchos delincuentes más, con los que en medio de una jungla urbana y por los momentos que pasa México se requiere mano dura por parte del Estado, por lo que se ve la necesidad de plantear penas máximas e incluso de poner a debate la pena de muerte y trabajos forzados.

Singapur, en 1960, era uno de los países más violentos del mundo. Ocupaba uno de los lugares con el más alto índices de criminalidad, debido a su cercanía con Malasia y China, siendo uno de los lugares de mayor tráfico de drogas, lo cual era el pan de cada día.

Había impunidad y malos manejos del **gobierno**. Las mujeres no podían salir de su casa por miedo a ser abusadas sexualmente y después asesinadas. Era una ciudad sin orden y con un gran índice de tráfico de influencias, eso sin contar que era denominada una de las ciudades más sucias de Asia y con un tremendo desorden vial.

En la década del 2000 el terrorismo apareció y los homicidios eran uno de los mayores problemas de inseguridad que tenía esa sociedad.

Pero al llegar al poder en el año 2004 *Lee Hsien Loong*, hijo mayor de *Lee Kuan Yew*, se produjeron grandes cambios que se pueden catalogar de represivos y radicales, pues atacó fuertemente las drogas, la corrupción y las violaciones de las mujeres, lo que produjo una reducción fantástica de la inseguridad, siendo actualmente uno de los países más seguros de Asia.

A principios del año 2000 existían más de 500.000 presos, pero seis meses después, sólo quedaban 50.000.

Se adoptó la pena de muerte y el trabajo forzado para los criminales confesos, narcotraficantes y violadores probados siendo los más repetitivos condenados a muerte.

Pero el gobierno fue más lejos todavía, se decretó que toda figura pública corrupta (políticos, policías, militares, etc.) fuera condenada a muerte (eso sí, siempre y cuando se cuenten con pruebas sólidas que los involucre).

Es cierto que Singapur ha sido censurada por Amnistía Internacional, la cual reprocha sus métodos de justicia empleados para ejecutar a los delincuentes, la horca y las ejecuciones que se llevan a cabo en la prisión de *Changi* los viernes al amanecer.

Sin embargo, a los familiares de los condenados se les permite recoger el cadáver del ejecutado varias horas después del ahorcamiento y una vez emitido el correspondiente certificado de defunción.

Actualmente Singapur es uno de los países más educados, prósperos y seguros del mundo, con una renta per cápita de las más altas en Asia y a escala mundial.

Es importante poner a debate el tema de la dureza de las penas y creo que estas se justifican toda vez que el Estado ya agotó e implementó todos los mecanismos preventivos. En el sitio semanaeconómica.com el analista Juan Carlos Mathews, en un reportaje de 2014, nos comparte los siguientes datos:

"En la década de los ochenta y con particular énfasis a partir de 2004 con la notable participación de su primer ministro Lee Hsien Loong, se fortalecieron las instituciones policiales, judiciales y penales.

Se tomaron drásticas medidas:

Inventario general de juicios.

Purga en la policía y el poder judicial.

Incremento del número de jueces.

Drástica reducción de los períodos de decisión de los jueces (en promedio seis meses).

Juicios nocturnos para evitar la pérdida de tiempo durante los horarios regulares de oficina.

Pena de muerte en casos de homicidio, violación, narcotráfico, posesión de droga, corrupción y tráfico de influencias, para los funcionarios públicos (incluidos políticos, policías, militares y jueces).

Trabajos forzados y latigazos con vestimenta especial para otros delitos.

Exposición de castigos en medios de comunicación.

Penas pecuniarias altas por delitos menores (ensuciar las calles, conductas impropias, etc.), sumadas a latigazos y trabajos forzados.

Los indicadores de resultados son notables, ya que es uno de los países más ricos del mundo con un ingreso per cápita de 38.972 dólares.

La inflación es prácticamente nula.

La delincuencia es mínima y casi no existen casos de corrupción.

Infraestructura vial de primer nivel con servicios públicos al alcance de todos (dos modernas líneas de autobuses públicos y cinco líneas de trenes), un aeropuerto internacional de gran capacidad, el puerto marítimo con mayor carga anual de contenedores del mundo, etc.

Está rankeado como uno de los países más seguros y desarrollados para vivir (por encima de EEUU, Reino Unido o España).

Según el Reporte de Competitividad Global 2013-2014 del World Economic Forum (WEF), de 148 países evaluados, Singapur ocupa el segundo lugar, sólo superado por Suiza."

Por Una Revolución Educativa.

"Una economía exitosa depende de la proliferación de los ricos, de crear una amplia clase de personas dispuestas a tomar riesgos para formar nuevas empresas, ganar altas cantidades y reinvertirlas."
George Gilder

"El mercado no es un invento del capitalismo, es un invento de la civilización."
Mijail Gorbachov

Ninguna tarea pendiente es más importante para que nuestro país avance que un cambio del sistema educativo.

La educación a la que hemos tenido acceso es la que se diseñó para los tiempos de la Revolución Industrial y los gigantismos económicos por las grandes burocracias, tanto públicas como privadas.

Eran necesarias dos características, formar a las personas para trabajos repetitivos propios de los tiempos de la máquina y que estos trabajos de manos de obra no requirieran mayor libertad para pensar, que el poder repetir de manera ininterrumpida una función específica en el entramado del mundo de la máquina.

Eran tiempos en que los filósofos como *Carlos Marx* y *Federico Engles* debatían sobre economía y su crítica de la plusvalía y explotación al trabajador, cuando en realidad lo que era criticable era la existencia de un sistema educativo que intentaba tratar por igual a lo que era diferente desde su nacimiento, el ser humano.

Nada tiene sentido para la construcción de un futuro, tanto como país como de manera individual, si no nos proporcionan las herramientas que nos permitan inyectarle valor a nuestro entorno, cambiándonos primero a nosotros mismos para después impactar en nuestra realidad.

Creo que no existe ningún sistema de pensamiento filosófico que no intente enseñar a las personas que lo más importante es dejar un mundo mejor que cuando nació.

Nos hemos enfocado en la parte de la memorización y los rituales y hemos convertido a nuestros jóvenes en autómatas para que cumplan tareas con horarios y en un ambiente que elimina su creatividad, ya que en nuestras aulas, por lo regular, se enseña basándose en que el profesor todo lo sabe y por lo tanto, no se le cuestiona.

Es al final del día, una educación autoritaria que limita al niño a obedecer, por lo que lo encamina en la vida por la ruta de la obediencia y la ausencia del pensamiento crítico, por lo que se limita entonces la grandeza de la esencia del valor multidimensional que tenemos como seres humanos.

Ya la neurociencia, en los últimos años, nos ha permitido conocer la cantidad de talentos y facultades que tenemos los seres humanos para lograr en la vida todo lo que deseamos, es decir, conquistar nuestros sueños y tener la vida con la que hemos soñado.

Cesar Bona (uno de los cincuenta mejores maestros del mundo según el *Global Teacher Prize*, el llamado Premio Nobel de los profesores) en su libro *"La Nueva Educación"* nos aclara que ser maestro no es acomodar a los alumnos a unos planes de estudio.

Todo educador debe adaptarse al motor imparable y entusiasmado de un niño. Hay que motivarles, estimular su creatividad y aguijonear su curiosidad porque los niños no son solo los adultos del mañana, son habitantes del presente.

Más allá de que México no ocupe los primeros lugares en materias como matemáticas o lectura, lo más importante de la educación es que la persona tenga la capacidad de pensar en libertad y tener autocontrol en su vida para conquistar sus propósitos.

No son las simples reglas de memorización o lo que sabemos o incluso el IQ con que cuenta una persona para lograr que llegue a triunfar en la vida, sino el conocimiento que tenga de sí misma.

Ya lo decían los educadores griegos, *"conócete a ti mismo y conocerás el Universo y sus Dioses."*

Los sistemas educativos no pueden ser estáticos sino dinámicos, vivos, ya que están dirigidos a formar personas.

Bertrand Arthur William Russell en su libro *"La Educación"*, era enfático en señalar que el error en la educación era que enseñábamos a los niños y jóvenes a desarrollar su parte racional y lógica y no su carácter, que era muchas veces más importante que lo primero.

El gran filósofo inglés escribió todo esto antes de que se convirtiera en Best Seller el libro *"La inteligencia emocional"* de *Daniel Goleman,* que sintetiza su afirmación de que la inteligencia emocional no es otra cosa que el poder que podemos usar para controlar el mundo de nuestras emociones.

La neurociencia ha tenido avances en los últimos años sobre cómo funciona nuestro cerebro.

La plasticidad cerebral se refiere a la capacidad del sistema nervioso para cambiar su estructura y su funcionamiento a lo largo de su vida como reacción a la diversidad del entorno.

Aunque este término se utiliza hoy día en psicología y neurociencia, no es fácil de definir.

Se utiliza para referirse a los cambios que se dan a diferentes niveles en el sistema nervioso: estructuras moleculares, cambios en la expresión genética y comportamiento.

Cada día conocemos más cómo podemos adaptar nuestro cerebro a las circunstancias cambiantes y usarlo en nuestro beneficio.

El cerebro es el patrón del funcionamiento humano, tal y como señaló Marco Aurelio, el gran emperador romano y filósofo, *"el hombre es sus pensamientos."*

Ahora sabemos que en la nueva educación se requieren espacios que estimulen la creatividad y la implementación de los conocimientos y que los niños usen en un ambiente recreativo todos los conocimientos que se les enseña.

Lo importante ya no es saber, sino que uso le damos a lo que sabemos.

Un país no puede avanzar si no contamos con el capital más importante, que no es otro que el ser humano.

Las escuelas de la nueva era de la inteligencia tendrán que adaptarse a los cambios que estamos teniendo en el mundo y la educación estará inmersa en los cambios tecnológicos y la competencia mundial.

El mundo ya no es pequeño y plano y hay quien afirma que en la escuela del futuro tendremos incluso, la opción de que los jóvenes escojan de manera libre las materias que les sean más útiles en la vida.

En alguna de las conferencias de la plataforma digital TED, que muestra contenidos de actualidad, había quien señalaba que para qué nos preocuparnos de ser eruditos en matemáticas si en la práctica empresarial solo usamos la suma, resta multiplicación y división y eventualmente, probabilidad y estadística.

No estoy diciendo con esto que los cálculos o las matemáticas avanzadas no sean útiles para los ingenieros o los científicos, pero ya está en los debates de nuestro tiempo la posibilidad de un cambio radical en las dinámicas de enseñanza.

Josh Kaufman es un joven escritor que tiene un libro que se llama *"En solo 20 horas aprende lo que quieras de manera rápida"* en el que lanza un reto a la famosa "regla de las 10.000 horas" con base en la investigación del Doctor *K. Anders Ericsson*, de la Universidad Estatal de Florida, que señala que para alcanzar el nivel de experto se requiere un promedio de diez mil horas de práctica efectiva.

Diez mil horas equivalen a ocho horas de práctica diaria durante tres años y medio sin descansar un solo día, sin fines de semana ni vacaciones. Asumiendo que disponemos de unos 260 días laborales al año señala *Kaufman*, se trataría de una labor de tiempo completo durante cinco años.

Pero *Josh Kaufman* no es un tipo ordinario y antes de desanimarte considera lo siguiente, que es el núcleo central de su libro:

"Existe un elemento en la investigación del doctor Ericcson que es muy fácil pasar por alto, se trata de un estudio de desempeño a nivel de experto. Si quieres ser como Lorena Ochoa es muy probable que debas pasar al menos 10.000 horas practicando golf de manera sistemática y deliberada."

Lo interesante para *Kaufman* es saber cuánta "practica deliberada" requieres para alcanzar tu propia meta. Y ahí es donde, conociendo los principios básicos de una disciplina, podemos aprender de manera constante y divertida.

Y es que menos es más y debemos de saber priorizar nuestras inquietudes para poder conocer cuál es nuestro talento o habilidad que nos permitirá tener una realización en la vida.

Kaufman señala que la habilidad de destrezas está integrada por cuatro etapas principales:

Deconstruir una habilidad en sus partes más pequeñas (sub habilidades).

Aprender lo suficiente de cada parte para practicar inteligentemente y autocorregirte durante la práctica.

Remover las barreras físicas, mentales y emocionales que se interponen en la práctica.

Practicar las sub habilidades principales durante al menos 20 horas.

Soy parte de una generación que escuchó con frecuencia a los padres afirmar, *"mi hijo es muy competente en el futbol, pero yo le digo que primero termine una carrera universitaria."*

No hay que olvidar que muchas de las actuales materias o carreras no existían con el nombre que hoy les damos. En la antigüedad clásica solo eran siete las artes liberales que ya para el Medievo se dividían en dos grupos el *trivium* y *quadrivium*.

El *trívium* comprendía la gramática, la retórica (y la poesía) y la dialéctica.

El *quadrivium*, abrazaba la aritmética, la geometría, la astronomía y la música.

Las dos clases formaban las sietes artes liberales (*septem artes liberales*) y tenían bastante relación con lo que después de las guerras púnicas formaba la base de la educación de los romanos.

Las artes liberales servían de introducción al estudio de la teología que era su objeto y al cual estaban subordinadas.

Algunos autores dividían los estudios a la manera de los estoicos en ética que correspondía al *trívium* y física, al *quadrivium*, encaminando también uno y otro a la teología.

Y si seguimos simplificando el conocimiento podemos afirmar que los hombres dividimos el pensamiento en letras, números y símbolos. Los mismos números que son una herramienta fundamental de la vida.

Se dice que en la tradición pitagórica el único número que consideraban de importancia fundamental era el Uno y que de ahí se derivaban todos los demás.

Todo lo que ahora escuchamos de "la sociedad del conocimiento" ya era un sueño de los pitagóricos.

Existen pensadores como el escritor español José Antonio Marina, que hablan de la urgencia de una "conspiración educativa" donde se hable de la vinculación entre el cerebro humano y los sistemas de información y donde deben de participar la escuela, la familia, la ciudad, la empresa y el Estado.

Es por eso, por lo que se habla de la vinculación entre el cerebro humano y los sistemas de información.

La gran profesión del futuro va ser la de "experto en aprendizaje". Nos estamos enfrentando a un futuro que se describe con el acrónico VUCA: volatilidad, incertidumbre, complejidad y ambigüedad. Y los cuatro factores los define Marina como:

Volátil, porque las cosas cambian aceleradamente.

Incierto, porque el exceso de información no limita la incertidumbre sino que la aumenta, ya que resulta difícil procesarla.

Complejo, porque somos conscientes de que todo influye en todo y de que un aleteo de una mariposa en China puede provocar un ciclón en el Caribe.

Ambiguo, por la dificultad para describir patrones que nos permitan comprender una realidad tan cambiante global e interactiva.

Estos son los retos que tenemos que enfrentar para darles a nuestros jóvenes las armas que les ayuden a triunfar en la vida.

En México nuestro sistema educativo está obsoleto y hay que cambiarlo y para que se den esos elementos de transformación se requiere de tres elementos: creer que es necesario, querer hacerlo y saber hacerlo.

Pero cambiar no es fácil, debe de existir el suficiente consenso ciudadano sobre su urgencia para poder lograrlo.

La historia de la educación en México ha tenido momentos de muchas luces con grandes educadores como Don Justo Sierra, José Vasconcelos, Narciso Bassols y divulgación intelectual de primera, con la creación de la revista "Plural" de Don Octavio Paz y Enrique Krauze y "Nexos" con Héctor Aguilar Camín, lo que nos ha permitido conocer a los más importantes pensadores liberales de nuestro tiempo.

Pero aun con sus momentos luminosos, actualmente no tenemos un sistema educativo que logre hacer de los niños y jóvenes mexicanos hombres nuevos con la capacidad de lograr destrezas gracias a la motivación, la perseverancia, el autocontrol, la meta cognición, las relaciones sociales, la resilencia y sobre todo, la capacidad de enfrentarse a los problemas.

No hay que olvidar que la persona humana está compuesta de manera tripartita: cuerpo, mente y espíritu.

Existe la teoría de las siete inteligencias, los dos hemisferios y los tres cerebros. Por lo que es tiempo de pasar de la educación tradicional, que estaba enfocada a querer tratar a todos los alumnos por igual cuando son todos diferentes. Cada alumno es un milagro de la naturaleza.

En nuestro "Manifiesto libertario" queremos subrayar la importancia de una "sociedad del conocimiento", lo que significa un proyecto de transformación social y cultural de una escuela y de su entorno para conseguir acercar la sociedad de la información a todas las personas.

Comunidad, padres de familia, maestros y niños pasan a ser parte implicada de la escuela. Todo esto tendría un impacto en los barrios, evitaría la violencia y la inseguridad, existiría mayor colaboración entre las familias y haría posible que el alumno aplique los conocimientos adquiridos antes de salir de la escuela.

Y es que lo importante no son las calificaciones o evaluaciones individuales o incluso por países, como las llevadas a cabo por organismos internacionales como PISA (*Program for International Student Assessment*) de la OCDE, sino la certeza de que el alumno está siendo preparado para la vida y convertirlo en un hombre de bien.

Es muy importante la creación de redes que vinculen a la sociedad, familia, empresa, educadores y alumnos para crear el capital social que permita un mayor crecimiento económico.

Manuel Castells y *Pekka Himanen* han tratado el tema de tres tipos de economía informacional, Silicon Valley, Singapur y Finlandia, cada uno con concepciones diferentes del mundo.

Silicon Valley: sociedad de mercado + democracia.

Singapur: sociedad de mercado + autoritarismo.

Finlandia: sociedad de mercado + democracia + Estado social.

José Antonio Marina señala que el éxito del Estado Finlandés se debe a que no ha pretendido hacer competencia al sector privado, sino hacerlo más competitivo, se esmera en aumentar el capital social de la nación, ha fomentado una sociedad inteligente y una organización social que promueva la innovación y la creatividad.

En su magistral libro "Escuelas Creativas", *Ken Robinson* señala que la educación reglada está constituida por tres elementos principales: plan de estudios, enseñanza y evaluación. La estrategia básica consiste en normalizarlos lo máximo posible.

El debate actual es qué es lo que se debe de enseñar a los alumnos y cómo lograr innovar los planes de estudio conociendo los distintos modelos y sistemas de enseñanza que mejor han funcionado en el mundo.

Es aquí donde ya muchos gobiernos están alentando la inversión de sociedades anónimas y empresarios en el sistema educativo. Su grado de participación, señala *Robinson*, varía desde vender productos y servicios a los centros escolares, hasta dirigir sus propias escuelas.

Así también, los gobiernos están promoviendo diversas categorías de escuela pública como academias, escuelas concertadas y escuelas libres, en las que algunas de las restricciones del movimiento de normalización se relajan a propósito.

Los motivos son varios: intensificar la competencia, aumentar el abanico de posibilidades, aligerar la carga de las arcas públicas y obtener beneficios.

Es reiterativo *Ken Robinson* en que la educación es uno de los mayores negocios del mundo.

En un modelo de libre mercado, las alianzas estratégicas entre la iniciativa privada y Estado no están peleadas cuando se trata de crear el mayor bien para la mayoría de la sociedad.

Hoy se habla mucho de impulsar "competencias del siglo XXI". La Sociedad para las Competencias del siglo XXI, con sede en Estados Unidos, es un consorcio de diecinueve Estados y treinta y tres empresas asociadas que propugna un enfoque amplio del plan de estudios.

Temas Interdisciplinarios

Conciencia planetaria.

Cultura financiera, económica, comercial y empresarial.

Cultura cívica.

Cultura sanitaria.

Cultura ambiental.

Competencias Para El Aprendizaje

Creatividad e innovación.

Pensamiento crítico y resolución de problemas.

Comunicación y colaboración.

Competencias Para La Vida Y El Trabajo

Flexibilidad y adaptabilidad.

Iniciativa y autonomía.

Competencias sociales y transculturales.

Productividad y responsabilidad.

Capacidad de liderazgo y responsabilidad.

Modelos de educación existen muchos y con muy buenos resultados.

En su libro *"El Elemento"*, el mismo *Ken Robinson* habla de la experiencia de *Richard Gerver*, quien ayudó a crear *Grangeton*, un "pueblo" dentro de la escuela en el que los alumnos llevaban a cabo todos los "trabajos".

Mientras trabajaban en el pueblo, estos alumnos adquirieron amplios conocimientos de las disciplinas troncales y de muchas otras materias, al tiempo que experimentaban un grado de compromiso extraordinario.

Teoría y práctica de manera conjunta. Ahora que se habla mucho de que en las escuelas hay que volver a lo básico, esto no es otra cosa que los talentos biológicos con los que venimos al mundo todos los seres humanos por igual.

En su libro *"Escuelas Creativas"*, *Robinson* no pasó por alto el caso del profesor mexicano originario de Matamoros Tamaulipas, Sergio Juárez Correa, quien es consciente de que los profesores no son únicamente instructores sino también mentores y guías que deben de ganarse la confianza de los alumnos para ayudarles a encontrar un rumbo en la vida y capacitarlos para creer en sí mismos.

El profesor cambió el método tradicional de enseñanza ante los pocos resultados y comenzó a ponerlos a trabajar en grupos y los animó a creer en su propio potencial.

A todo lo que les enseñaba le daba una aplicación práctica y tangible y basó sus clases en preguntas abiertas para animarles aprender razonando, en lugar de memorizar información.

Comenzó a sonar el sistema de enseñanza del Profesor Juárez Correa, cuando la niña Paloma Noyola Bueno ganó un premio nacional de matemáticas en México y no solo ella sino otros tantos alumnos le siguen dando orgullo a este talentoso maestro mexicano.

Para *Ken Robinson* es útil pensar en un plan de estudios desde la perspectiva de su estructura: contenido, método y espíritu.

La estructura es la manera en que se concibe la totalidad del plan de estudios.

El contenido es el material que los alumnos han de aprender.

El método es cómo participan los alumnos en el plan de estudios, si son clases magistrales o en proyectos, si es individual o favorece la colaboración.

Y finalmente, el espíritu es el clima general y el carácter de la enseñanza, es decir, los mensajes tácitos sobre principios y valores que el plan de estudios trasmite.

Existen cuatro fines básicos de la educación: económico, cultural, social y personal, pero surgen ocho competencias relevantes y *Robinson* las señala con toda claridad: Curiosidad, creatividad, critica, comunicación, colaboración, compasión, calma, civismo y remata proponiendo un plan de estudios donde las siguientes disciplinas tuvieran la misma importancia: artes, humanidades, artes del lenguaje, matemáticas, educación física y ciencia.

Todo plan de estudios tendría que reunir las siguientes características:

Diversidad, para que cada alumno descubra sus intereses personales.

Profundidad, para que en la medida en que se desarrollen los alumnos puedan profundizar en sus áreas de interés.

Dinamismo, para alentar la colaboración y la interacción entre los alumnos de edades distintas y profesores de diferentes especialidades.

Ha sido enfático Don Manuel Gil Antón, del Colegio de México y uno de los máximos expertos en el tema de educación en nuestro país, sobre el tipo de reforma educativa y sus contenidos, cuáles son los objetivos fundamentales que queremos en términos de aprendizaje y recalca el sistema de competencias entre los alumnos.

Este modelo no es posible construirlo si no existe un horizonte educativo. Hay que distinguir entre el profesor que sabe todo el contenido de su materia y el que tiene el dominio pedagógico de lo que se va enseñar.

Después de la escuela básica, esto es una vez cumplidos los nueve años, el niño debería de tener capacidad de leer, escribir, comprender, expresarse de manera ordenada y tener la suficiente solidez en las estructuras lógicas que permiten argumentar, que también son la base de la aritmética y la matemática del cálculo porque la lógica subyace a la matemática.

Deben tener también una noción general del mundo en el que vivimos y contar con un conocimiento básico de la ciencia, que los separe de la difusión que tienen los medios de pseudociencia o pseudosaberes.

Don Manuel Gil Antón pide que no se confunda una reforma administrativa con una reforma educativa. En 2012 se aprobó el Instituto Nacional de evaluación de la educación, el servicio profesional docente, las reglas de ingreso y permanencia y la evaluación, pero todos estos son medios para cambiar la educación y tener una reforma educativa.

Actualmente somos 114 millones de mexicanos, de los cuales 74 amillones tienen entre 15 y 64 años y casi 31,9 millones, que representan el 43%, están en rezago educativo. Es decir, que la mayoría de la población económicamente activa está en rezago educativo.

¿Y qué se entiende por rezago educativo?

5,4 millones son analfabetos, esto es carencia educativa.

10,1 millones no han acabado la primaria y 16,4 millones no terminaron la secundaria por lo que tenemos una escolarización obligatoria incompleta.

Tenemos que el 60% de los estudiantes que terminan la educación media (12 años de escuela) no saben leer ni escribir de manera suficiente y todo esto por los grados de desigualdad social y la deserción.

Cada año, 1 millón de alumnos dejan la escuela entre los 6 y 17 años.

El investigador Manuel Gil Antón se va más a los detalles numéricos y señala que si hay 200 días de clase se van 5.000 alumnos cada día, lo que, visualizado en imágenes equivale a que si tenemos 30 niños en un salón de 10 metros cuadrados, el abandono escolar es igual a 33.000 salones que se vacían cada año y lo peor es que, lo que alimenta al rezago educativo es el propio sistema educativo, por injusto, por desigual, porque le damos la peor educación al que más lo necesita y porque las peores escuelas están en los lugares que serían más necesarias

Dentro de los contenidos hay que considerar a la Ética como una materia fundamental ante tantas cortinas de humo ideológicas y el abundante acceso a la información y como una materia que merece un interés especial en nuestro "Manifiesto Libertario".

Y es que la Ética es una materia que forma parte de los estudios filosóficos y la tenemos rezagada sin darle la importancia debida, cuando todos sin excepción tenemos un grado de moralidad, lo que nos lleva a la conclusión de que no existen personas amorales y que, de una u otra manera, todos apelamos en algún momento de nuestra existencia a alguna estructura moral o al planteamiento sobre el bien o el mal en el hombre o en la sociedad.

Como bien señala acertadamente Adela Cortina en su libro *"¿Para qué sirve realmente la ética?"*:

"Así como todos tenemos una estatura, color de piel o volumen, también tenemos un grado de moralidad. Es por eso que la ética tiene que ser hoy un referente, no solo para tener mejores seres humanos, sino mejores comunidades y naciones.

Y es que la ética abarata los costes de la vida.

Si fuera posible un mundo en que contara como moneda corriente la confianza en las familias, las escuelas, las organizaciones y las instituciones, la vida sería infinitamente más barata.

¿Cuánto se ha gastado en la carrera armamentista o en la fabricación de armas o sistemas de espionaje para conocer los pasos de los adversarios? Sin hablar de los fraudes financieros...

¿Qué fue de aquellos tiempos en los que la palabra y el honor eran las prácticas cotidianas?

Todas las burbujas financieras son producto de la simulación, las fantasías y las falsas promesas de ganancias futuras, que generan una expectativa irreal y se convierten en fraudes en los que existen dos partes, el que engaña y el engañado, este último en la necesidad de creer en lo que le están planteando, cuando en muchas ocasiones sabe de la inviabilidad de las riquezas fáciles.

La ausencia de la ética hace que los detractores del capitalismo o los mercados libres, como prefiero llamar al modelo liberal, digan que no es bueno para erradicar la pobreza y que este siempre favorece al rico haciéndolo más rico y al pobre más pobre.

El problema no está en el modelo liberal sino en quienes engañan, mienten, traicionan y se olvidan de que, para que una sociedad triunfe, se requiere que existan la ética, los principios y los valores como base para la implementación de la justicia.

Se olvida con frecuencia que el hombre trasciende, no cuando recibe, sino cuando da.

Cuando tenemos la capacidad de compartir, no solo dinero, sino también tiempo o conocimientos es cuando tenemos la posibilidad de dejar un mundo mejor que el que nos encontramos al nacer.

La ética sirve para recordar que una obligación ahorra sufrimiento y gasto haciendo bien lo que está en nuestras manos, como también invirtiendo en lo que vale la pena."

La mayoría de los problemas que hoy padecemos en el mundo, (las crisis económicas, las guerras, los actos de violencia y otros daños colaterales a la sociedad) son por ausencia de principios éticos y respeto al orden natural de las cosas.

Hasta es despreciada la ética en estos tiempos de la modernidad.

Siempre que se asume alguna postura respecto a algún tema sobre ética o justicia es común escuchar la sentencia lapidaría *"no seas moralista."*

Ese relativismo ético nos está llevando a un mundo al revés. Recuerdo lo que me dijo en alguna ocasión un amigo criminólogo, *"el 99% de las cárceles están repletas de personas que se consideran inocentes".*

Siempre se encuentra la manera de justificar el acto criminal. Nos hemos olvidado de la importancia de las virtudes.

Desde el mundo Homérico, el de los libros de la Ilíada o la Odisea, se exaltaban las virtudes que se extendían como excelencias del carácter, la justicia, la prudencia, honestidad, la frugalidad, la templanza...

Y qué no decir de los tiempos de oro de la filosofía griega, cuando el diálogo era la manera de averiguar qué era lo bueno y lo justo y se pensaba que nadie en solitario podía saber qué era lo bueno o lo verdadero, sino que se necesita entrar en un diálogo con otros para irlo descubriendo entre todos.

La palabra moral procede del latín *mos-moris*, que significa carácter, costumbres, usos... Pero también el lugar donde se vive, la morada del hombre.

Son los contextos donde nacemos y nos desarrollamos, los que marcan nuestro destino, de ahí también el sentido de la ética, que viene del termino *éthos,* que indica los hábitos que las personas adquirimos para obrar bien o mal y que componen el carácter.

"Carácter es destino", diría cualquier gurú de la ciencia del desarrollo.

Recordamos a *Bertrand Russell* y su famosa pregunta, *"¿quién es la gente bien?"* A la que él mismo responde, *"aquella que tiene amor y conocimiento."*

El poder dar es la forma de seguir en la vida. Compartir elimina el deseo egoísta de solo recibir.

Egoísmo y ego son dos palabras que reflejan el signo de nuestros tiempos.

"Quien pregunta ¿libertad para qué?" Es que ha nacido para servir", afirmaba Alexis de Tocqueville.

Todas las civilizaciones han tenido sus estructuras éticas, sus marcos morales y sus ideales de virtudes humanas. El liberalismo y su tradición de tolerancia expresa su respeto a todo tipo de corriente de pensamiento o de creencia.

Desde nuestras tradiciones y educación precolombina, la educación iniciaba en el hogar: era austera, dura, imponía una alimentación restringida y el aprendizaje de los oficios paternos y maternos.

La educación de hombres y mujeres, desde niños, jóvenes y adultos, concluía solo cuando ya estaban maduros, cuando ya eran responsables y dueños de una forma honesta y creativa de vivir con una ubicación en su familia y en la sociedad.

La *Tlacahuapahualiztli* no se dedicaba a la capacitación de un oficio sino a la enseñanza de los valores morales y éticos de la comunidad. Es por eso, por lo que proponemos también que se ponga a debate la educación que imparte el Estado en cuanto a su interpretación sobre lo que representa la laicidad y propugnamos que se siga teniendo en nuestro país un Estado laico pero incluyente y no excluyente.

En la antigüedad, la primera pregunta que se planteaban los filósofos presocráticos era sobre el origen del mundo y la metafísica. Todo lo que se encuentra más allá del mundo físico.

No estoy hablando de religión o pseudoespiritualidad sino del planteamiento de reconocer que, aparte de la teoría Darwinista que habla de la evolución de las especies y la teoría del *Big Bang* o gran explosión, la cual afirma que el Universo estaba en un estado de alta densidad y luego se expandió, existen también teorías que parten de un marco de referencia que habla de la posibilidad de un Creador y las más populares son la Teoría Creacionista y la del Diseño Inteligente.

La llamada Creacionista es totalmente contraria a la teoría evolutiva, como su propio nombre indica.

En la teoría Creacionista, también llamada Fijista, Dios lo creó todo. Esta teoría, por ende, no cree que el ser humano y otras especies hayan evolucionado, sino más bien considera que los humanos siempre fueron tal y como los creó Dios y aunque se hayan adaptado al ambiente de diferentes formas, nunca se han transformado completamente.

Esto quiere decir que desechan por completo la idea de que primero existieron organismos unicelulares y luego fueron volviéndose cada vez más complejos.

El movimiento científico que sostiene la tesis del Diseño Inteligente intenta significar un puente entre la ciencia. La tesis del Diseño Inteligente no es Creacionismo Bíblico y por lo tanto existe una importante diferencia entre las dos posiciones.

El Creacionismo Bíblico comienza con una conclusión: que el relato Bíblico de la Creación es confiable y correcto y que la vida en la Tierra fue diseñada por un Agente Inteligente (Dios). Entonces buscan evidencias de una esfera natural para respaldar esta conclusión.

Los teóricos del Diseño Inteligente, por su parte, comienzan con una esfera natural y alcanzan su conclusión subsecuentemente: que la vida en la Tierra fue diseñada por un Agente Inteligente (quien quiera que sea). Postula a su vez que, ante la organización de nuestro Universo a nivel astronómico, biológico y orgánico, se hace evidente que detrás de todo ello hay una complejidad irreductible, es decir, que es imposible imaginar que algunos sistemas complejos como los seres vivos o algunas casualidades en las leyes cósmicas y planetarias, sean causa del azar y que el desarrollo y la organización de sistemas complejos a partir de organizaciones más simples implica la existencia de un Diseño y por lo tanto, la existencia de un Diseñador.

Al mismo tiempo implica que todo tiene una finalidad, de la cual no suelen hacer especulaciones, porque como señala el Doctor *Brian Green,* distinguido físico teórico de la Universidad de Oxford:

"Si el espacio se extiende indefinidamente, una proporción que es compatible con todas las observaciones, entonces debe de haber dominios allá fuera donde copias de usted y de mí y de todo lo demás, disfrutan de versiones alternativas de la realidad que experimentamos aquí."

En 2008, el analista Javier Ruiz en la revista digital *Esfinge* nos recordaba algunos hechos científicos en los que se apoyan las tesis del Diseño Inteligente:

"El científico Fred Hoyle se dio cuenta de que, para explicar la abundante síntesis del carbono en el interior de las estrellas, debería darse una resonancia nuclear muy especial. Como si las leyes de la naturaleza se hubiesen pensado a propósito para lograr sintetizar el carbono, que es el elemento clave en las estructuras orgánicas que usan los seres vivos.

El astrónomo John Barrow dice que el eje terrestre oscilaría caóticamente en breves periodos de tiempo si no fuera por la presencia de la Luna, que actúa de pesa estabilizadora del sistema Tierra/Luna.

El bioquímico Michael Behe observa que el desarrollo bacteriano, similar al de un reactor actual, implica una complejidad irreductible, pues sería imposible bajo una secuencia casual que un sistema tan complejo se hubiera desarrollado."

Nos recuerda también Javier Ruiz en su artículo que:

"Para tumbar la teoría de la selección natural mediante mutaciones aleatorias es común poner como ejemplo el ojo humano, cuyo diseño es tan complejo, que para los científicos es imposible que se haya desarrollado a base de mutaciones aleatorias.

Y aunque en sentido estricto el Diseño Inteligente no es una teoría, ya que no cumple el criterio de Pooper de falseabilidad, para el filósofo de la ciencia Karl R Pooper, una teoría merece el nombre de científica si ella misma es capaz de proponer experimentos y pruebas que demuestren que sus postulados son falsos, es decir, que sea falseable.

Ya se está trabajando en ese propósito, sobre todo por los trabajos e investigaciones de William A Dembski, y es importante conocer las distintas posturas y abrir el debate, ya que el conocimiento de estas materias les daría a los niños y a los jóvenes la oportunidad de poder cuestionarse la vieja pregunta de la filosofía ¿de dónde venimos y hacia dónde vamos?"

No pertenezco a ninguna religión y llevo más de 18 años sin asistir a un templo, pero me considero cristiano y creo firmemente en la ética cristiana y en mi admiración en el Jesús de Nazaret histórico, el mártir, el revolucionario, el antiimperialista, el sabio.

Pero respeto mucho a los mahometanos, judíos, budistas y creo que todas esas tradiciones aportan mucho a crear sociedades más fuertes y espirituales.

Afirmaba *Balzac* que el siglo XXI sería espiritual o no sería.

Howard Gardner, psicólogo estadounidense de la Universidad de Harvard, ha estado hablando desde 1983 de siete inteligencias, afirmando que para él la inteligencia no es un conjunto unitario que agrupa diferentes capacidades específicas, sino que es como una red de conjuntos autónomos interrelacionados.

La inteligencia es para *Gardner* un potencial biopsicológico de procesamiento de información que se puede activar en uno o más marcos culturales para resolver problemas o para crear productos que tienen valor para dichos marcos.

Las siete inteligencias son: inteligencia lingüística, lógico matemática, intrapersonal, espacial o visual, corporal o kinestésica, interpersonal, naturalista y musical y agregó recientemente una, que sería la existencial y que es la que tiene relación directa con el tema de la espiritualidad.

Con lo expuesto se pensará que dichas propuestas de incorporar debates que están en el terreno de las creencias es contradictorio con los planteamientos del liberalismo clásico, sin embargo, no hay que olvidar lo dicho por ese gran liberal español que fue Ortega y Gasset al afirmar, *"al hombre lo dominan más sus creencias que las ideas."*

Nada puede estar al margen del conocimiento y su deseo de encontrar verdades. La historia de la ciencia está llena de contradicciones, por lo que siempre hemos de estar dispuestos a presentar tesis que sean el marco de inicio para la investigación científica.

Se tiene la impresión de que la historia cultural del liberalismo se encuentra en Inglaterra o en los albores del movimiento protestante de Calvino, Lutero y otros, en la reforma del siglo XVI, por aquello de la libertad individual y la libre interpretación de las escrituras sagradas.

Pero nada está más alejado de la realidad. Podemos encontrar los orígenes del liberalismo en la filosofía oriental del Taoísmo, donde los dogmas y las verdades absolutas no existen.

El Taoísmo mismo y su significado son el camino. La libertad como virtud máxima del hombre.

Los mismos pensadores católicos de la antiquísima Universidad de Salamanca, hablaban de las bondades de la libertad y el comercio. El problema fue la distorsión histórica que se le dio al liberalismo y su relación con la Iglesia, ya que al liberalismo lo ligaban con la modernidad y la razón, cuando en realidad existen más coincidencias que diferencias.

Gabriel Zenotti, de la Escuela Austriaca Rafael Termes del Instituto de Empresa y Humanismo de España y *Thomas E. Woods* de Harvard y Columbia, tienen libros muy interesantes sobre el tema.

La confusión radica en que para muchos católicos, la Doctrina Social de la Iglesia es un conjunto de normas y principios referentes a la realidad social, política y económica de la humanidad, basados en el Evangelio y en el magisterio de la Iglesia Católica.

El compendio de la doctrina social de la Iglesia y el catecismo católico, la definen como un cuerpo doctrinal renovado que se va articulando a medida que la Iglesia, en la plenitud de la **palabra de Dios** revelada por Jesucristo y mediante la asistencia del Espíritu Santo, lee los hechos según se desenvuelven en el curso de la historia.

Las encíclicas que abarcan este cuerpo doctrinal son la *Rerum Novarum* de León XII de 1931, la *Quadragesimo Anno* del Papa Pio XI, la *Mater et Magistra y Pacem in Terris,* siguiendo con Pablo VI con la *Populorum Progressio* y terminamos con Juan Pablo II que comenzó en la *Laborem Exercens* y siguió con *Solicitudo Rei Socialis* y finalmente la *Centecimus Annus,* con motivo de la publicación de la *Rerum Novarum*.

Para Juan Pablo II, la Doctrina Social de la Iglesia fue tratada más como un tema de la teología moral y no como sus predecesores, que la habían tratado con una orientación para la ética social o para la filosofía.

En su encíclica *Centesimus Annus* señalaba categórico:

"La Iglesia no tiene modelos que presentar.

Los modelos auténticamente reales y efectivos sólo pueden surgir dentro del marco de diferentes situaciones históricas a través del esfuerzo de todos aquellos que se enfrentan responsablemente a problemas concretos en todos sus aspectos sociales, económicos, políticos y culturales, ya que estos aspectos interactúan entre sí.

No hay duda de que parte de la responsabilidad de los pastores es analizar cuidadosamente los acontecimientos de la época para percibir las nuevas necesidades de evangelización.

Sin embargo, tal análisis no pretende ser definitivo ya que no entra per se, en el dominio especifico del magisterio."

Incluso antes, en 1931, ya el Papa Pio XI en su encíclica *Quadragesimo Anno* reconocía que debía haber limites a lo que la teología moral podía decir legítimamente en el ámbito de la economía, ya que la ciencia económica y la ciencia moral emplean cada una principios propios en su propio ámbito.

La historia de la Escuela de Economía Austriaca comienza en el Siglo XV, cuando los seguidores de Santo Tomás de Aquino que escribían y enseñaban en la Universidad de Salamanca en España, trataron de explicar el alcance de la acción humana y su organización social.

Estos escolásticos tardíos observaron la existencia de una ley económica, de inexorable fuerza de causa y efecto, que operaba de forma muy parecida a otras leyes naturales.

A lo largo de varias generaciones descubrieron y explicaron las leyes de la oferta y la demanda, la causa de la inflación, el funcionamiento de la tasa de cambio extranjero y la naturaleza subjetiva del valor económico.

Thomas E. Woods, en su libro *"Por qué el Estado sí es el problema. Una defensa católica de la economía libre"*, señala:

"No hay que olvidar que para Ludwing Von Mises, uno de los representantes más visibles de la Escuela Austriaca, la economía era la rama mejor desarrollada de una ciencia más amplia de las acciones humanas conocida como Praxeología.

La Praxeología comienza con un axioma que resulta incontestable: los seres humanos actúan.

Según Mises, la acción humana es un intento de sustituir una situación menos satisfactoria por otra más satisfactoria.

Podemos recurrir a Santo Tomás para apoyar el análisis de Mises. Santo Tomás escribe en su Summa contra los gentiles que actuando, todo agente busca un fin y que todo agente actúa buscando una mejora.

La acción humana significa, por lo tanto, libertad de elección y también costes ya que al elegir una alternativa hay que renunciar a otras."

Todo esto lo abordamos porque hasta ahora se ha relacionado al liberalismo con la ética protestante, ya que un buen número de economistas clásicos practicaban la religión cristiana evangélica.

La aparición del libro de *Max Weber "El capitalismo y la ética protestante"*, dejó una huella imborrable en el pensamiento económico moderno, donde se exaltaba el trabajo y el ahorro a largo plazo y se hace mención al pensamiento económico y a la vida de mi admirado Juan Calvino y su concepto sobre la propiedad privada y la calidad que tenemos de mayordomos u oficiales de Dios para hacer lo que nos parezca oportuno para ayudar al prójimo.

La diferencia fundamental entre el capitalismo de Juan Calvino y el de *Adam Smith*, no se encuentra en las instituciones y las prácticas que forman parte del capitalismo moderno, sino en los fundamentos teológicos y filosóficos desde los cuales partían uno y otro.

Calvino miraba a la ley bíblica, mientras *Adam Smith* a la ley natural y el racionalismo.

Lo mismo podemos decir del Doctor *Gary North*, Presidente del Instituto de Economía Cristiana, que en su libro *"Heredarán la Tierra. Esquemas bíblicos para la Economía Bíblica"*, asume una defensa de la propiedad privada en relación a los mandamientos de Dios donde se pide, "no robarás" y "no codiciarás los bienes ajenos", pero donde señala que toda la Tierra le pertenece a Dios y por lo tanto, la propiedad privada tiene una función social irremplazable.

Nos recuerda que la Iglesia primitiva en Jerusalén practicó "voluntariamente" la propiedad común de los bienes.

Considero importantes estos datos, ya que muchas de las organizaciones políticas del mundo y sus ideologías tienen su origen en los pensadores cristianos, tanto del mundo Católico como del Reformado y aunque refirmo mi convicción de un Estado Laico creo que hay que practicar un laicismo incluyente y no excluyente.

Conocer o aproximarse a la verdad nos hace más libres. Soy un convencido de que también existe una ética que no está ligada al pensamiento occidental cristiano y de que existen personas ateas con una ética e integridad a toda prueba, sin duda.

Sería dogmático y antiliberal pensar lo contrario. Pero reconozco la aportación tan importante del cristianismo a la civilización occidental. El Hispanismo es parte fundamental de nuestra historia.

Como también creo importante la interpretación que del mestizaje han dado muchos pensadores desde las ideas de Francisco Javier Clavijero, Andrés Molina Enríquez y José Vasconcelos.

Nuestra revolución educativa no puede pasar por alto que nuestra identidad como nación es el producto del choque civilizatorio de dos imperios: el azteca y el español.

Fuimos a la vez conquistados y conquistadores.

Ese contenido oculto de un sistema educativo del que habla *Ken Robinson,* se manifiesta claramente en el nuestro como en pocos.

Don Octavio Paz hacía referencia de él en el laberinto de la soledad y nuestro sentimiento de que la herida de la conquista ahí estaba siempre presente, de ahí la permanente cerrazón del mexicano de no abrirse al mundo ni a los demás.

Es solo la fiesta lo que nos libera del viejo trauma. Olvidamos la grandeza de nuestro mestizaje tanto racial como cultural.

Agustín Basave nos recuerda en su libro *"México Mestizo"* que Don Andrés Molina Henríquez afirmaba que México no podía ser grande en tanto no se completara ese mestizaje.

Don Andrés parte de la premisa de que los mestizos de México son aquellos que poseen un linaje mixto hispano - indígena y por lo tanto, son los auténticos depositarios de la mexicanidad y pretende demostrar "socio etnológicamente" que México no puede convertirse en una nación desarrollada y próspera mientras no culmine ese proceso de mestizaje.

En alguna entrevista le escuché decir a Agustín Basave, que lo que en realidad se proponía Don Enrique era crear un mito en torno a su planteamiento de la *mestizofilia*.

Pero la aportación de Don Andrés, como de otros pensadores de la mexicanidad y el ser del mexicano, es fundamental para conocer la aportación y las dimensiones del choque de dos culturas y dos civilizaciones.

¿Quién podría olvidar las aportaciones del llamado grupo Hiperión que fue un grupo de jóvenes profesores y alumnos de la UNAM que tuvo actividad pública entre 1948 y 1952 entre los que se encontraban Emilio Uranga, Luis Villoro, Ricardo Guerra, Joaquín Sánchez McGregor, Salvador Reyes Narváez, Fausto Vega Gómez y posteriormente se les unió Leopoldo Zea?

Fueron educados bajo el magisterio de José Gaos y en corrientes como la fenomenología, existencialismo y el historicismo de José Ortega y Gasset.

Su objetivo principal era iniciar una serie de investigaciones que tuvieran como objeto la filosofía mexicana, particularmente las obras de José Vasconcelos y Samuel Ramos y la filosofía contemporánea europea. La mayoría de sus trabajos fueron bajo el auspicio de Editorial Porrúa.

Era la necesidad del grupo, entender el lugar del mexicano en el mundo y su realidad y su repercusión, fue una de las primeras expresiones del proyecto de la filosofía latinoamericana.

Mito o no, el sentido de interpretación de la *mestizofilia* es importante en un país sin referentes y en ocasiones, para identificar una identidad que vaya más allá que logre impulsarnos como una potencia en el concierto de las naciones.

Si somos el producto de dos imperios, solo nos falta tener una visión conjunta y una voluntad común que nos permita el poder de la intención. Esos códigos ocultos como nación que nos permitan tomar lo mejor y más sabio de las civilizaciones que nos dieron nacimiento.

En ese sentido de educación, en nuestro "Manifiesto Libertario" pretendemos también llevar a cabo un convenio administrativo entre la Secretaría de Educación Pública y la Secretaría de Defensa, para crear el concepto de escuelas bajo la tutela de nuestro glorioso ejército y donde se imparta un civismo patriótico en el que los jóvenes de bachillerato tengan acceso al conocimiento de materias tan importantes como: artes marciales, boxeo, pensamiento estratégico, pensamiento sistémico, organización, entereza y templanza, pero sobre todo despertar en ellos el amor profundo a su patria.

En nuestro modelo integral de educación queremos tener como prioridad que todo ese sentido de grandeza nacional se encuentre interpretado en la cultura y el arte, que estas no sean actividades de difícil acceso para los jóvenes, teatro al aire libre, recreación, culturismo, ediciones populares de nuestros escritores clásicos...

Todo esto en un sentido de libertad y de cooperación entre el Estado y la iniciativa privada, no hay que olvidar que los mejores museos que tiene México han sido producto de la inversión de la iniciativa privada.

Emilio "el Tigre" Azcárraga gastó millones de dólares en exportar la cultura mexicana, como en aquella hermosa exposición *México 30 Siglos de Esplendor*, que se presentó en New York, así como en la creación del Museo Tamayo, al igual que el Centro Cultural/Arte Contemporáneo.

De igual manera, Grupo Carso lo hizo con el Museo Sumaya, que es otro ejemplo notable de la participación de los empresarios en el fortalecimiento de nuestra identidad y el sentido de nuestra mexicanidad.

"No existe la Música Culta ni la Música Clásica, existe solo la Música", afirmaba Alondra de la Parra, nuestra talentosa Directora de Orquesta y embajadora turística de México en una entrevista con Pedro Ferris, en la que nos recordaba a su admirado compositor y Director *Gustav Mahler,* el cual tomaba las canciones de moda y las interpretaba con una majestuosa Orquesta.

Existe un público en México que sin duda gusta de la Música llamada "clásica". La acaricia, la vive y sin embargo, evitamos que los niños tengan acceso a ese repertorio de grandes compositores que, no únicamente les ayudaría a disfrutar del arte, sino que está demostrada la importancia de la Música en la ciencia del desarrollo humano, la cual hace posible activar partes del cerebro que apoyan al aprendizaje, tranquilizan los pensamientos y las emociones y hasta apoyan procesos de auto hipnosis y fortalecimiento del subconsciente para reprogramar patrones de conducta.

En los niños estimula la creatividad y la imaginación.

El "efecto Mozart" es uno de los temas sobre educación que más llama la atención de maestros y padres.

Es una teoría producto de la investigación de los doctores *Francis Rauscher* y *Gordon Shaw*, que se basa en los estímulos cerebrales que se dan en un individuo al escuchar ciertas obras del ya citado autor que poseen cualidades muy particulares que las distinguen pues sus ritmos, melodías, métrica, tono, timbre y frecuencias estimulan el cerebro, especialmente en aquellas zonas relacionadas con el hemisferio derecho (función espacio - temporal).

La música provoca vibraciones cognitivas y emotivas que desembocan en el campo de la conducta de los niños e inciden directamente sobre la concentración, la atención y la memoria, fundamentales en el proceso de aprendizaje.

Es curioso cómo los niños se sienten atraídos por *Brahms*, *Mozart* o *Strauss* y se relajan, se abstraen y disfrutan de la música.

En lo personal, cuando siento la necesidad de fortalecer mi estado de ánimo, siempre recurro a la obra del Alemán *Richard Wagner*.

La música tiene efectos multifactoriales, de ahí la importancia del trabajo que realiza Alondra de la Parra cuando viaja a los distintos lugares de México para llevar talleres musicales a los niños.

Son los emprendedores exitosos los que están dispuestos a dar su talento y su tiempo para apoyar el éxito de los demás.

Lo mismo que Alondra, las conferencias y seminarios que realiza la gran golfista mexicana Lorena Ochoa, a la cual agradezco que gracias a la lectura de su maravilloso libro *"Soñar en Grande"* pude considerar la importancia de los estados mentales y así presentar con éxito mi examen de cinturón negro en *Kun Tao Silat* en la academia *IDAC Kun Tao Silat*.

Recuerdo que a dos semanas del examen, mi *Sigung* Luz Peña Cavazos, nos hizo un examen sorpresa sobre las formas y estructuras de pelea y apenas recordábamos el 30%.

Llegué a mi biblioteca, porque había recordado lo que había dicho Lorena en su libro de que, una vez que conoció la Programación Neurolingüística, se dio cuenta de que el 20% era práctica y el 80% era mente.

Ya había estudiado algunos libros de PNL (como se conoce a la Programación Neurolingüística) y recurrí a ellos y a algunos vídeos del maestro Edmundo Lozano de Guadalajara, Jalisco, llevé a cabo los famosos anclajes para poder darle estabilidad a mi práctica y de manera increíble, el día del examen todo salió como esperaba.

Qué importante es que personas exitosas, Fundaciones, ONGs y academias, ateneos de cultura y grupos como los Boy Scouts le den a nuestros jóvenes y niños las herramientas para ser mejores personas.

El apalancamiento más importante para el éxito es el mental y ese solo se logra con una buena educación. Por eso hay que quitarle esa aura de maldad que la izquierda ha querido ponerle a la educación privada.

Es lógico que cuanto más escuelas privadas existan, esto es más ofertas de buena educación, la competencia hará posible que los precios disminuyan y más personas tengan acceso a ella.

Uno de mis libros favoritos de *Baden Powell*, fundador del movimiento Scouts, es el libro *"La Escuela de la Vida."*

Normalmente pensamos que la sabiduría es saber muchas cosas, tener una cultivada memoria llena de información y capacidad para hacer relaciones y notables análisis, pero para *Balden Powell* lo que realmente cuenta a la hora de la verdad es saber en cada momento aquello que cada uno necesita saber, en relación a las necesidades de la vida.

Esa belleza que da estar en contacto con la naturaleza y conocer ese orden establecido por alguna inteligencia superior no tiene precio.

El canto del pauraque o del Cenzontle, el sonido interminable de los grillos, los sapos, el olor del monte cerrado y las gotas que se deslizan en los árboles en las brechas solitarias de una tarde de invierno son una experiencia única.

Estos días, la Fundación Carlos Slim acaba de lanzar la plataforma educativa gratuita aprende.org para que las personas se puedan capacitar para el empleo y la salud.

Puedes acceder a cursos en arte, cultura, matemáticas, historia, innovación, educación superior, tecnología, cursos para el autoempleo desde tu teléfono inteligente o tableta digital y todos estos estudios están certificados por la Secretaría de Educación Pública.

Son ya cientos de plataformas en todo el mundo las que comienzan a prestar servicios laborales a distancia y permiten el comercio electrónico como la oportunidad de que, a un bajo costo, las personas se beneficien de tener un sitio Web donde puedan vender sus productos físicos o digitales y existen muchos modelos de negocios y para todos los gustos.

Esta es la verdadera globalización y hay que tomar lo mejor de ella.

El número de usuarios de Internet en México se elevó a 62,4 millones en 2015, lo cual representa el 57% de la población, según reveló una encuesta elaborada por el Instituto Nacional de Estadística y Geografía.

En cuanto a los hogares, el organismo señaló que el 39,2 % del total en México, tiene conexión a Internet.

Por otro lado, en su estudio de comercio electrónico de 2015, la Asociación Mexicana de Internet señaló que la estimación del valor del mercado del comercio electrónico es del 34%, lo cual representa 12,2 billones de pesos, eso cuando el tipo de cambio estaba en 13,28 pesos por dólar.

En dicho estudio podemos ver que el crecimiento de las compras en línea es fuertemente influenciado por las compras móviles (tablet y smartphone) en especial en la categoría de descargas digitales.

Los consumidores de entre 18 y 34 años compraron más contenido digital que aquellos de 35 años o más.

La posesión de dispositivos es elevada y la mitad de los compradores online cuentan con los tres dispositivos de acceso a Internet (PC, tablet y Smartphone).

Más de la mitad de los compradores adquirió productos en tiendas internaciones y Estados Unidos fue el país que concentró la mayoría de las compras con un 64%, le siguió Asia con el 36%, Latinoamérica con el 13% y Europa con el 11%.

Un dato de suma importancia es que los compradores están tan satisfechos con la compra online como con sus compras en tiendas físicas, lo que habla de una enorme oportunidad de abrir negocios por Internet de forma rápida, económica y segura.

Las principales categorías vendidas son: ropa y accesorios con un 37 %, deporte y fitness con un 33% y electrónicos de consumo con un 25%. Pero no deja de ser menos importante el consumo de computadoras, muebles, juguetes, videojuegos, libros y revistas, suministros de oficina, joyería y relojes, música, películas y vídeos, boletos de eventos y servicios generales.

La mayoría de los comercios controlan su propia tienda en línea en las que las tarjetas de débito/crédito y PayPal son las formas de pago más ofrecidas.

El comercio electrónico es una oportunidad para todo emprendedor, sobre todo por los bajos costos para comenzar a vender.

La educación financiera es muy importante para poder ampliar nuestros márgenes de libertad. Anteriormente era muy complicado que una persona recién salida de la escuela pudiera montar un negocio en cuestión de horas, pero ahora, en los tiempos de la economía digital, todo esto es posible.

Todo está por inventarse. Lo primero que se tiene que llevar a cabo es un estudio de mercado a través de los principales sitios de venta como mercado libre, eBay y Amazon y conocer, a través de sus buscadores y algunos software que circulan por la red, qué es lo que las personas están buscando en los más de 5.000 millones de micro nichos de mercado.

Y es que, para poder competir en un mundo virtual contra las grandes compañías, es preferible escoger un micro nicho de entre los tres principales segmentos y nichos del gran mercado que son la salud, amor y dinero.

Por ejemplo, si vas a vender un producto sobre marketing digital, la palabra clave es la que vas a utilizar para conocer quién está buscando ese micro nicho en el tema del dinero y cómo las personas buscan el producto va a ser, por ejemplo, "marketing para moda femenina".

Al ser específico en tu búsqueda tendrás una mayor oportunidad de llegar a tu público objetivo.

Uno de los errores más comunes es querer tener primero un producto, ya sea físico o digital, y después buscar los clientes.

Hoy la tecnología nos permite conocer las tendencias en la red con solo explorar algunas plataformas que nos indican cómo se genera el tráfico y cómo las personas buscan por la red sus productos.

Alexa.com te permite incluso, saber cuál es el tipo de cliente que visita determinadas páginas de distintos tipo de tiendas de la mayor variedad de productos. Cuál es su edad, su número de visitas, lugar geográfico, sexo y muchos datos más que nos permiten tener una visión amplia de la manera en que tenemos que crear nuestra estrategia de marketing y de venta.

Anteriormente, para montar una tienda virtual se requerían amplios conocimientos de programación. Pero hoy a través de la plataforma de contenidos wordpress.com podemos tener una tienda virtual o blog en cuestión de minutos.

Lo primero que tienes que hacer es comprar un dominio con el nombre de tu tienda en plataformas como namecheap.com o en Godaddy.com y a su vez tener un hosting, que no es otra cosa que el lugar donde vas alojar tu dominio, por lo que te recomiendo bluehost.com por la capacidad que tiene de alojamiento de datos.

Para poder diseñar tu tienda virtual en cuestión de minutos tienes compañías como themeforest.com donde encontrarás una cantidad ilimitada de todo tipo de diseños para tiendas de venta de servicios profesionales, Infoproductos, plataformas educativas, tiendas deportivas, perfumería y artículos de todo tipo que podrás vender a un mercado más amplio.

Un modelo de negocios para emprendedores que implica muy poca inversión es el llamado modelo *Dropshipping* en el que pones tu tienda virtual, preferentemente especializada en un micro nicho para que no competir con las mega tiendas.

Puedes, por ejemplo, montar una tienda de equipos de magia o especializada en golf o en los tableros de ajedrez donde, aparte de vender dichos productos, puedas escribir artículos sobre el tema del nicho de mercado en el que estás vendiendo.

Puedes editar vídeos y subirlos al blog de la tienda virtual, que harán posible que tu tienda sea más popular en la red, ya que está comprobado que los vídeos, aparte de que son más vistos por las personas, es más fácil que los buscadores como *Google* (que tiene el alrededor del 80% del mercado de los buscadores) te coloquen en los primeros lugares al momento en que las personas pongan la palabra clave de lo que están buscando.

Al tener una tienda de un nicho muy específico es más fácil que puedas hacer campañas de publicidad a través de *Google Adwords* o a través de *Facebook,* ya que si tienes una tienda de ropa deportiva para niños, los cibernautas buscarán con esa palabra clave específica y tu tienda podrá ser vista en los primeros lugares de la búsqueda.

El modelo *Dropshipping* te permite no tener inventario, lo que significa que no tienes necesidad de hacer una inversión para comprar los productos de tu tienda, lo único que tienes que hacer es montar tu tienda y buscar un proveedor de tus productos a través de alguna plataforma seria, que se comprometa a que una vez que alguien te compre en tu tienda virtual puedas mandarle el costo del producto y él lo envíe al cliente de manera directa.

De esa manera, aparte de ser el propio dueño de tu negocio, actúas como vendedor y como intermediario de alguien que te surte al mayoreo sin necesidad de que le compres por adelantado.

Es importante el sitio de *Dropshipping* que elijas como proveedor. Uno de los más serios es la plataforma worldwidebrands.com, que tiene una gama muy amplia de productos de muchos nichos y que son fabricantes dispuestos a mandar sus productos a tus clientes.

Shopster.com es otra opción muy popular con más de 1.000.000 de productos para elegir.

Por supuesto que no puedo obviar a Alibaba.com con productos venidos de China o Wish.com en donde encuentras productos casi regalados.

Los pesimistas se preguntarán por qué los clientes compraran en nuestra tienda y no directamente en la de los proveedores y una razón principal es que tu tienda y blog está especializada en el nicho correspondiente donde el servicio, la información, fotos, vídeos, y sobre todo tu capacidad de generar tráfico, te permitirán estar con más rapidez en la mira del potencial comprador.

Estamos en los tiempos de que no es el más grande el que gana la carrera de las ventas sino el más rápido.

Los buscadores no distinguen el tamaño de una tienda sino el contenido relevante y lo original de los productos, cuánto tiempo se queda el cliente en dicho sitio y cuánto lo frecuenta.

Un buen video aplicando técnicas para lograr hacerlo viral te catapulta a los primeros lugares de la búsqueda.

Las personas están buscando soluciones a sus problemas y en los tiempos de la economía digital ya no es solo la interpretación de lo que el cliente busca o la psicología del consumidor sino ya los propios clientes, a través de sus comentarios, los que nos dicen lo que quieren o desean en tiempo real.

El analista *Alvin Toffel* ya predijo en los años 80 que los consumidores tomarían el control de los productos y servicios que consumen y para 2006 *Jeff Howe*, en la revista *Wired*, escribía sobre el fenómeno *Crowdsourcing* en el que los consumidores participan con ideas, dinero y diseño de productos y donde, a través de esta estrategia, se han recaudado millones de dólares.

Los usuarios de *YouTube*, en el año 2014 consumieron 300 millones de horas al mes según los datos referentes de *Google* y se espera que para 2016 las visitas sumarían los mil millones de horas mensuales.

Para tu negocio es más factible que alguien vea un vídeo a que lea algún artículo de fondo.

Para ver casos de éxito de Vídeo Blogs exitosos, te recomiendo ampliamente el libro de *Roger Cusa* llamado *"Crea tu proyecto Tube"* y con el sugestivo subtítulo *"Descubre cómo conseguir apasionados seguidores, crear marcas fuertes y ganar dinero gracias al uso del video en Internet."*

Para darle seguimiento a los clientes que visitan tu tienda o tu blog es importante que utilices los autorespondedores, que son una herramienta que te permiten llevar a cabo email marketing y estar en comunicación permanente con tus clientes que, al visitar tu tienda digital, dejaron su correo electrónico, su nombre y hasta su teléfono.

De ahí en adelante puedes seguir en contacto con ellos con una secuencia de mensajes que te permitirán seguir influyéndolos o persuadiéndolos para que vuelvan a entrar en tu tienda.

Una vez que les llega tu mensaje a través del uso del auto respondedor y lo abran, los guiarás a través de un vínculo que hará posible que vuelvan a tu tienda y se encuentren preparados para comprar.

Los auto respondedores más conocidos en el mercado son las plataformas de aweber.com y getresponse.com. Son plataformas muy fáciles de manejar y que te permiten hacer una labor de venta automatizada de manera continua.

Existe una máxima que considero bastante trascendente para la vida de cualquier emprendedor y es aquella que señala que nada pasa mientras nadie vende.

Ser empresario es sinónimo de ser vendedor. Si durante el durante un día normal de tu vida no llevas a cabo una venta de tus productos o servicios, con mucha dificultad tendrás la oportunidad de hacer crecer tu negocio.

Vender es el corazón de una empresa y de ahí la importancia de que en las escuelas se enseñe inteligencia financiera.

No es posible crear riqueza si no existen emprendedores y vendedores de sus productos.

Ahora gracias a la tecnología podemos vender productos propios o de otros, a mejores precios y con una exposición de mercado mucho más importante que la que teníamos en el comercio local.

El generar riqueza en un país, solo se logra teniendo emprendedores que cada año se integren al mercado laboral, gracias a la innovación y el poder crear redes virtuales que te permiten, no solamente vender, sino también el poder crear cadenas de valor.

Ahora es posible que puedas contratar servicios y mano de obra por Internet.

Uno de los secretos del éxito en los negocios es poder reducir el tiempo de implementación de los productos o negocios, por ejemplo, que alguien pueda venderte una patente de algún experimento y que tú lo puedas comercializar con toda libertad. No hay que olvidar que la mayoría de los personajes de Walt Disney fueron creados por otras personas y él los pudo comercializar.

Lo mismo podemos afirmar de tu imagen corporativa.

Existen plataformas donde puedes, por una mínima cantidad de dinero, mandar hacer tu logotipo a través de un concurso que realices y en menos de cuarenta y ocho horas te presentarán una docena de propuestas.

Una de esas plataformas es www.48hourslogo.com.

Si quieres servicios de personas que puedan apoyarte en tus negocios por Internet en cosas tales como hacerte una intro para tus vídeos, programadores, diseñadores, campañas publicitaras, generar tráfico a tu tienda, manejar social media y mucho más… Tienes las plataformas de www.odesk.com o www.elance.com donde puedes encontrar profesionales que hacen de todo a precios muy bajos, lo que hace más fácil tu emprendimiento.

Una plataforma en español es www.workana.com que tiene un capítulo de freelancers mexicanos.

En todas estas plataformas hay cientos de jóvenes mexicanos trabajando y ofreciendo sus servicios a millones de cibernautas.

Antes de continuar con el tema de la educación financiera que se debería de enseñar en todas las escuelas, como ha señalado de manera reiterada Ana Cortes de la franquicia "Creadores de éxito" y asesora de Robert Kiyosaki en México, es importante resaltar que para poder vincularte en el tema de los negocios por la red has de superar esa fobia a la tecnología que en muchas ocasiones muchos llegamos a sentir.

Nadie hemos sido ajenos a ese temor de estar frente a una computadora y querer llevar a cabo una actividad y menos si se trata del tema empresarial.

En este momento existen cientos de personas que se pasean por la Red de manera funcional, segura y amigable que saben que existen muchas plataformas que te apoyan en el proceso de incorporación al mundo digital.

Si desconoces algo, lo que puedes hacer es ir a *YouTube* y preguntar cómo utilizar cualquiera de las plataformas o tener alguna destreza digital.

Verás vídeos que te dirán cómo hacerlo paso a paso tal y como si estuviera alguien a tu lado en tu oficina o en el cibercafé.

Si quieres algo más personalizado puedes contratar asistentes virtuales a través de *Skype*, que es una de las plataformas más utilizadas para tener teleconferencias.

Pero es importante saber que para superar la fobia y los miedos, no únicamente a la tecnología sino también a ser emprendedores, tenemos que educar nuestro carácter y nuestros diálogos internos.

Así como tenemos la capacidad de comunicarnos con los demás, también tenemos una manía constante de tener diálogos internos que si no son los adecuados, nos causan dificultad de poder llevar nuestras ideas a la acción.

Existen millones de jóvenes que sabotean sus pensamientos debido a que no tienen los diálogos internos adecuados y estos los orillan a tener miedo a la libertad de emprender.

La mayoría de los grandes negocios en la Red son producto de la imaginación y sobre todo, de la intención de dar un servicio o atender una necesidad de las personas sin necesidad de tener productos o servicios propios.

Si quieres, por ejemplo, poner una Escuela de Yoga por Internet, no necesitas ser un experto en la materia. Solo llega a un buen acuerdo con alguien que sepa de Yoga y ambos podréis sacar un beneficio mutuo poniendo una Escuela en la Red.

Tenemos plataformas en línea como *Sigularity University* o la *Udacy University* donde los programas de estudio se dan en total libertad y los tópicos de estudio principales son la inteligencia artificial, robótica, innovación, nanotecnología, programación...

Tenemos también la Universidad Francisco Marroquín de Guatemala, la Manuel Ayuso de España, *Daper Univesity* y la Universidad Mondragón de México, en la primera ciudad inteligente o llamada *Startcity* de nuestro país, Ciudad Madera, en el Estado de Querétaro.

La idea es cambiar a fondo la mentalidad de los jóvenes y no someterlos a las acreditaciones y pruebas a los que están sometidos en los sistemas educativos tradicionales.

David Roberts de *Udacy University* señalaba en una entrevista que le hicieron en la *Oslo Innovation Week*, que la educación se ha roto.

Llevamos 100 años enseñando de la misma forma y como hemos crecido en ese sistema, creemos que es normal, pero es una locura.

Tenemos que diseñar herramientas que ayuden a las personas a tener una vida gratificante, agradable, que les llene.

Los programas académicos están muy controlados por los gobiernos que quieren un modelo estándar y creen que los exámenes son una buena forma de conseguirlo.

Otro de los dramas es la falta de personalización en las aulas. Cuando un profesor habla, para algunos alumnos irá demasiado rápido, para otros demasiado despacio y para otros a la velocidad idónea.

Ya es tiempo de que en México hagamos realidad esa máxima que señala:

"Si un alumno no aprende de la manera en que le enseñamos, quizás debemos de enseñarles de la manera en que aprendan."

La innovación nos permite simplificar los procesos de venta por Internet y de manera constante las plataformas están simplificando el proceso.

Ahora es posible instalar una tienda virtual de manera directa en la plataforma de *Facebook* y crear tu Fan Page para tener más seguidores o clientes a la vista sin que dejes de tener una comunicación constante con ellos.

Pero nada de esto es posible si no tenemos el carácter y la confianza para lograr los objetivos.

En la nueva educación en México debemos de tener claro que un promedio ya no es la medida más adecuada para evaluar un talento. Hace falta una mayor énfasis en cualidades del carácter como la adaptabilidad, resilencia, aquietar la mente, autocontrol, frugalidad, procrastinación, capacidad de diálogo, pro actividad, negociación, confianza, liderazgo y otras tantas virtudes, que en ocasiones son más importantes que un buen promedio escolar.

La más importante revolución de nuestra educación consiste en quitar los propios mitos que se ciernen sobre la educación.

La adaptabilidad

La capacidad que tengamos de adaptarnos a los ambientes en los que interactuemos es fundamental para el éxito. Mucho de lo que logramos en la vida está marcado por el contexto y por nuestras circunstancias y aunque no en todo momento estamos en el lugar que más nos gusta, la capacidad de adaptabilidad es una condición muy importante para lograr objetivos.

La resilencia

Es una de las virtudes más importantes que tenemos cuando hemos caído.

Es muy frecuente que cuando nos equivocamos o fracasamos para cumplir un propósito nuestros padres, maestros o amigos nos recriminen dicho fracaso, lo que va provocando en el niño un temor a fracasar olvidando que la interpretación correcta del fracaso es el aprendizaje que obtenemos de él.

El ensayo y el error es parte del juego de la vida. No hay que tomar tan en serio ni los fracasos ni los éxitos.

Tranquilidad de mente

Entre información y conectividad, nuestra mente se satura de información y publicidad y eso termina por inquietarnos y llevarnos al cansancio lo que en ocasiones termina en que no podamos tomar adecuadas decisiones.

Cuando se hace un recorrido por la literatura de la ciencia del desarrollo, la mayoría deriva en la necesidad de dos grandes prácticas que nos dan la quietud del alma y de la mente: la oración y la meditación.

En la oración hablamos con Dios y en la meditación escuchamos a Dios.

La meditación es una práctica de Asia y Oriente que se ha vuelto muy popular en Occidente con el nombre de *Mindfulness*. Recomiendo los libros de *Jon Kabat Zinn* para profundizar en los beneficios de meditar.

"El meditar nos lleva a niveles superiores de conciencia", nos compartía el Doctor Luis Ortiz Oscoy en su Hotel Boutique el

Hostal de la Luz, en el Estado de Morelos, donde además de hablarnos de las tradiciones de la meditación, nos abordó con gran maestría el tema de la educación sobre conciencia ecológica a los niños.

Dejar que las ideas fluyan en la mente de los niños y más tratándose de su entorno y el mundo al que deben de cuidar, es la base de la grandeza de una nación.

Autocontrol

Es una de las palabras que definen la educación y la responsabilidad cuando hacemos uso de nuestra libertad.

Sin el autocontrol demostramos que la educación no cumple con su propósito final en la vida de una persona y como consecuencia, en la creación del capital social.

Una de las cualidades más relevantes en las personas educadas es la capacidad del autocontrol.

La frugalidad y la templanza

Son una de las cualidades del carácter más mencionadas por los distintos filósofos y pensadores, desde Platón, Baltasar Gracián y Benjamín Franklin.

No caer en los excesos nos impide llegar a los linderos del libertinaje.

Ahora que se insiste en la necesidad de la legalización de las drogas es importante que el uso que le damos a nuestra libertad tenga como limite el cuidado de nuestro cuerpo como un templo que nos ha dado la vida.

La procrastinación

Uno de los males más recurrentes en nuestro tiempo es la llamada procrastinación, que no es otra cosa que lo que comúnmente llamamos desidia, hacer mañana lo que podemos hacer hoy, ir dejando las cosas para después.

Hay quien atribuye este mal a las personas perfeccionistas o a las que le tienen un temor relevante al fracaso o a como sean juzgados por los demás, sin embargo, para el Dr. *Pier Steel*, una de las autoridades más importantes en la materia, el motivo principal es la impulsividad de las personas. Esto es, la falta de paciencia para recorrer paso a paso la ruta para lograr objetivos.

Ser impulsivo es una invitación a la evasión y auto sabotaje permanente.

La capacidad de diálogo

Una de las cualidades más importantes para poder crecer como personas es la capacidad de diálogo, y para que este exista es importante la tolerancia y el deseo permanente de aprender.

El diálogo es también una virtud democrática.

Cuando una mayoría domina en un Parlamento, la mejor manera de tomar en cuenta las posiciones de las minorías es a través del diálogo porque lo mejor para una buena negociación, no solo es que las partes se pongan de acuerdo, sino que estén satisfechas y convencidas de esos acuerdos.

Eso solo se logra con la paciencia y el diálogo.

Ser proactivos

Ser proactivos es una manera para hacer que las cosas sucedan y no esperar a que el Universo conspire a nuestro favor.

Crear las condiciones propicias gracias a nuestra acción y no esperar a que estén dadas las circunstancias para actuar, sino nosotros mismos llevar a cabo todo lo necesario y suficiente para tener los resultados favorables.

La mediación

En México se ha puesto de moda ahora en el sistema judicial penal, la palabra mediación.

Es mejor llegar a un buen acuerdo que a un mal pleito. Y la mediación no es otra cosa que la negociación.

La primera vez que entendí lo que significaba negociar no fue por leer alguno de los cientos de libros de ciencia del desarrollo o de negocios que abordan el tema, sino una novela de Héctor Aguilar Camín que se llama *"Morir en el Golfo".*

Es una novela que se lee como un thriller político y donde, en un momento de crispación, es necesario que los protagonistas lleguen a acuerdos y es entonces cuando alguien señala:

"Negociar es la capacidad de ambas partes de ceder algo y obtener algo."

Muchas veces en la vida no se logra lo que uno merece sino lo que negocia.

Confianza

Sin confianza es imposible generar prosperidad personal o nacional.

Mientras no actuemos con un sentido de responsabilidad y ética en nuestros tratos, será muy difícil poder perdurar en el mundo de los negocios.

La desconfianza es además, un signo de inseguridad personal donde se pretende sacar ventaja de la pérdida para los demás.

Es entonces, la confianza en uno mismo y en tus socios o comunidad, una de las más importantes virtudes para el éxito.

Capacidad de liderazgo

Un líder tiene que ser capacitador para que nazcan nuevos líderes.

Un líder con principios es fundamental para la generación de la prosperidad.

El liderazgo tiene que ser una cualidad que se fomente en nuestra revolución educativa.

Los seres humanos codiciamos lo que vemos, por lo que, en una sociedad en donde existan líderes empresariales, políticos, culturales y sociales basados en principios y valores, nuestros niños y jóvenes tendrán mayores expectativas de poder crecer en un mejor entorno social.

El carácter

El carácter es tan importante o más que los grandes promedios y de eso no tenemos la menor duda.

Hemos crecido en el reflejo de una educación autoritaria que da por sentado que un número nos señala el todo de una persona, por eso la importancia de que cada día existan más líderes empresariales involucrados en el tema educativo, ya que tanto el carácter como las cualidades de este son enseñanzas que no se pueden someter a la rigidez de un sistema anticuado de educación masiva.

Enseñanzas como mnemotécnica (arte de la memorización) lectura veloz, cálculos matemáticos y técnicas para potenciar nuestro cerebro son materias que no pueden estar excluidas de nuestras escuelas.

Es increíble la historia que cuenta *Tony Buzan*, creador del concepto de los mapas mentales y fundador y presidente de *The Brain Foundation*.

Estando en el segundo año de universidad entró a la biblioteca para encontrar algún libro sobre el cerebro y la forma de usarlo. La bibliotecaria lo envió sin titubear a la sección de medicina y cuando le explicó que lo que a él le interesaba no era operarse sino usarlo, ella le informó cortésmente que libros así no existían, por lo que comenzó a plantearse preguntas sobre algunas cuestiones básicas:

¿Cómo se lleva a cabo el aprendizaje de aprender?

¿Cuál es la naturaleza del pensamiento?

¿Cuáles son las mejores técnicas de memorización?

¿Cuáles son las mejores técnicas para el pensamiento creativo?

¿Cuáles son las mejores técnicas para leer?

¿Cuáles son, en la actualidad, las mejores técnicas para el pensamiento en general?

¿Existe una posibilidad de desarrollar nuevas técnicas de pensamiento o solo hay una técnica maestra única?

Como consecuencia de estas preguntas, Tony Buzan se dedicó a estudiar psicología, neurofisiología del cerebro, neurolingüística, semántica, teorías de la información y mnemotécnica y abordó temas como la percepción, el pensamiento creativo y las ciencias en general.

Se dio cuenta de que el cerebro humano funcionaba con más eficacia si a sus diversos aspectos físicos y habilidades intelectuales, se les permitía trabajar en una relación recíproca y armoniosa, más que a partir de un estado de división.

Así es como, a partir de la simple combinación de dos habilidades corticales relacionadas con las palabras y los colores transformó su estilo de tomar apuntes, por lo que poco a poco surgió una estructura global y comenzó a aplicar sus hallazgos con alumnos con problema de aprendizaje, casos sin esperanza, disléxicos, retrasados y delincuentes.

Fue cuando se decidió a escribir una serie de libros basados en su investigación y así nació *"An Encyclopedia of the brain and its use."*

La inició en 1971 y al írsele aclarando las ideas aparecieron conceptos como "pensamiento irradiante" y "cartografía mental" para de ahí nacer el concepto que lo ha encumbrado en el mundo de la enseñanza que es el de los "mapas mentales."

Muy recomendable leer *"El libro de los Mapas Mentales. Cómo utilizar al máximo las capacidades de la mente."*

El desarrollo de mapas mentales en los niños es una capacidad que se despierta para potenciar sus facultades cognitivas.

El nacimiento de los Mapas Mentales es una muestra de lo que sucede cuando desde niños nos enseñan a plantearnos preguntas. Por eso nuestras mejores herramientas de trabajo en temas de aprendizaje es el ¿Cómo? ¿Cuándo? ¿Dónde? Y ¿Por qué?

Solo con buenas preguntas podemos tener mejores respuestas.

Solía afirmar el escritor Argentino José Ingenieros que la esencia del hombre mediocre es pasar por la vida observando la luna y nunca preguntarse por qué no se cae.

Se repite con frecuencia que vivimos en la era de la información cuando en realidad estamos en la época de los tiempos de la creatividad y la inteligencia.

Plantearse hoy las grandes preguntas de la vida, como afirma Don Fernando Savater, nos da la posibilidad de saber con mayor exactitud cuál es el contexto en el que vivimos y qué nos corresponde hacer para cambiar la realidad en todo aquello que no nos gusta.

Hoy, el exceso de información puede ser igual de perjudicial que la desinformación, de ahí que el oficio de pensar sea sin duda el mejor de los oficios.

Si nos remitimos a la definición clásica que los griegos hacían del hombre como "animal racional", lo que nos distingue del resto de los seres creados es la capacidad de preguntarnos sobre los misterios de la naturaleza.

Y qué aburrido sería la existencia si desde un principio tuviéramos todas las respuestas, pero la buena noticia está incluso en los textos sagrados, que señalan que el que busca encuentra.

Hay un trabajo del filósofo español José de Unamuno que tiene un título muy seductor *"Loor a la haraganería"* donde rinde un homenaje al concepto que tenían los griegos sobre la ociosidad y es que, al contrario de lo que hoy interpretamos por ociosidad, los griegos lo relacionaban con la capacidad del hombre para tener la libertad de pensar y dar solución a sus problemas cotidianos.

El gran filósofo concluye que el conocimiento abstracto se encuentra por encima del conocimiento práctico, bien dicen que no hay mejor práctica que una buena teoría.

Y es que aunque muchos de nuestros conocimientos provienen de la experiencia, siempre hay ideas que se embonan en nuestros hogares y en nuestro ambiente y que determinan la forma en que interpretamos nuestras vivencias.

La forma y uso que les damos a nuestras ideas determinan nuestros hábitos y estos marcan para siempre nuestro destino.

Para crear capital social y una riqueza humana que sea el mejor apalancamiento de prosperidad, debemos apostarle con todo a la educación.

Las ideas preceden a la política, se puede estar de acuerdo o no en las propuestas de los ponentes pero es el diálogo y el debate, lo que le da sentido a la construcción de un proyecto nacional.

La patria es una casa común y son tiempos de unidad nacional. Tenemos que entender que la mayor competencia no la tenemos entre nosotros mismos sino con el exterior.

Aun cuando es un mundo conectado tenemos que tener como nación la mejor ventaja competitiva para poder sobresalir y ganar mercados.

Tenemos inmensas riquezas pero nuestra estructura institucional es frágil.

El liberalismo no es muy popular como oferta de gobierno porque la libertad siempre implica responsabilidad. Pero a través del tiempo es más evidente que el Estado siempre que da algo pide algo a cambio, además de que tenemos que tener claro que no existe el dinero público, lo único que existe es el dinero de los contribuyentes.

Tenemos que terminar con el monopolio de la dádiva y permitir que sea la iniciativa privada la que practique el *filantrocapitalismo*.

Solo se trasciende cuando se tiene la capacidad de no dar antes.

Un modelo de sociedad abierta implica, no solo acabar con los monopolios económicos, sino también políticos y generar las condiciones para una mayor participación ciudadana.

Los retos que tenemos son enormes en el campo, en los temas migratorios, en la violencia... Y por eso la urgencia de que sea la sociedad la que tenga cada día mayor representación.

Hay que implementar la segunda vuelta electoral y la revocación de mandato.

La primera, para que los participantes en una jornada electoral se obliguen a obtener el 51% y así tener mayor legitimidad.

Y con la revocación de mandato, a los dos años de gobierno los ciudadanos tendrían un arma electoral para retirarle la confianza al gobernante de turno que no cumpla con la expectativa que prometió.

En las campañas electorales actuales ya no existe el discurso con contenido de propuestas y contraste de argumentos o proyectos, ahora solo están cargados de ruido y descalificaciones que poco ayudan a la construcción de un proyecto. Empujemos entonces un proyecto que primero sea contrastado por la realidad y que recabe la opinión de todos y no sea escrito sobre las rodillas.

No existen redentores capaces de transformar una realidad, si no es con un diseño institucional realista.

Se aproximan tiempos de campañas electorales y hay que estar siempre dispuestos a escuchar inquietudes y conocer el problema de las regiones. Todos merecemos vivir mejor y en un país que nos brinden las oportunidades para todos.

Una colaboración conjunta que nos aproxime a estar a la altura de las grandes potencias es posible si cambiamos el rumbo y evitamos estereotipos. Hay que debatir los grandes problemas de México, solo nosotros seremos capaces de salir adelante con un Estado fraternal que empuje pero que no se convierta en nuestro eterno guardián.

Somos una sociedad que ya tiene mayoría de edad y merece mejores servidores públicos y no políticos que nos salen caros y malos por los excesos de la mercadotecnia política.

Me da gusto que hayamos recorrido juntos estas páginas y recordado algunos episodios de nuestra historia reciente y de lo mucho que podemos implementar, ayudados por modelos que han funcionado en otros países.

Es solo el principio de propuestas futuras que merecen un trabajo más amplio diseñado, sobre todo, por las sugerencias y propuestas que tomemos de todos los rincones de la patria.

Lo que pretendo únicamente es poner estos temas sobre la mesa y que los debatamos con respeto y capacidad de diálogo.

Elijamos entonces el sendero de la libre por el que transitan los pueblos que se han hecho responsables. La consecuencia final será la prosperidad para todos.

Rodolfo Santos

_____